AI와 대학 글쓰기

AI문고

인공지능 시대입니다. 기계가 인간의 인지를 대신하고, 사물이 인간을 통하지 않고 다른 사물과 직접 커뮤니케이션합니다. 이에 따른 인간 삶과 문명 변화를 정확히 이해·예측·대응하는 것은 이 시대 우리 모두의 과제입니다. AI문고는 인공지능 기술과 환경의 여러 주제를 10가지 키워드로 정리합니다. 관련 개념과 이론, 학계와 산업계의 쟁점, 우리 일상의 변화를 다룹니다. 인간과 기술의 현재, 미래를 세심히 분석합니다.

일러두기

- 인명, 작품명, 저서명, 개념어 등은 한글과 함께 괄호 안에 해당 국가의 원어를 병기했습니다.
- 외래어 표기는 현행 어문규정의 외래어표기법을 따랐습니다.

처음이세요?

전문가세요?

AI와 대학 글쓰기

주민재

대한민국, 서울, 커뮤니케이션북스, 2026

AI와 대학 글쓰기

지은이 주민재
펴낸이 박영률

초판 1쇄 펴낸날 2026년 1월 16일

커뮤니케이션북스(주)
출판 등록 2007년 8월 17일 제313-2007-000166호
02880 서울시 성북구 성북로 5-11
전화(02) 7474 001, 팩스(02) 736 5047
commbooks@commbooks.com
www.commbooks.com

ISBN 979-11-430-1650-8 03500

책값은 뒤표지에 표시되어 있습니다.

차례

생성형 AI 시대의 대학 글쓰기

'먼저 온 미래'가 보여 주는 '예정된 미래'

이 책을 쓰는 동안, 장강명 작가의 《먼저 온 미래》가 출간되었다. AI(Artificial Intelligence)의 출현과 수용이 바둑계에 미친 영향을 르포 형식을 빌려 다각적으로 다뤘다는 점에서 출간 초기부터 대중의 관심을 받은 책이다. 필자는 글쓰기보다 바둑에 '먼저 온 미래'는 무엇인지 그리고 바둑이 먼저 직면하게 된 '미래'가 만들어 낸 변화는 어떤 것이었는지 알고 싶었다. '먼저 온' 미래가 현실을 어떻게 재편했는지, 사람들의 사고방식과 세계에 대한 태도를 어떻게 변화시켰는지를 살펴보는 것은 글쓰기 분야에 오게 될 미래, 어쩌면 이미 예정된 미래를 짐작하는데 필수적인 작업처럼 느껴졌기 때문이다.

바둑계가 먼저 겪은 미래는 인간이 오랜 시간에 걸쳐 구축해 온 전통과 관습에 균열을 가하는 수준이 아니라 근본적인 변화를 일으킨 것이라는 점에서 충격적이다. 정석과 형세 판단 그리고 미학과 같은 바둑계가 즐겨 썼던 용어들의 추상성이 데이터에 기반한 확률적 수치 앞에 빠르게 빛을 잃어버린 상황은 이를 명징하게 드러낸다. AI 수용 이후 바둑에서 인간의 철학과 스토리가 사라졌다는 견해와 AI라고 왜 창의적 결과를 낼 수 없는가라는 의견의 대립은 여전하다. 즉, 기계에는 독립적인 세계관과 철학이 존재할 수 없다는 생각과 "바둑이라는 예술 장르에서 인간이 예술가로서의 지위가 상대적으로 추락"했을 뿐, 결과가 창조적이라면 그 주체가 인간이 아니어도 된다는 생각이 여전히 혼재한다(장강명, 2025: 168～169).

바둑계에 먼저 온 미래는 앞으로 대학 글쓰기 교육이 겪어야 할, 혹은 이미 겪고 있는 현실과 맞닿아 있다. 현재 글쓰기 교육에서도 AI의 수용과 활용에 대해 상반된 견해들이 뒤섞여 있는 상황이다. 하지만 AI 활용이 피할 수 없는 시대적 변화라는 점에 대해서는 대부분 인정하는 분위기인 것도 사실이다. 그렇다면 우리는 다음과 같은 질문에 답해야 한다. 생성형 AI가 신속하게 텍스트를 산출하는 환경에서 대학 글쓰기는 무엇을 가르치고 무엇을 평가해야 하는가.

설명 가능성과 검증 가능성의 축: 증거 기준, 설명 절차, 책임 구분

텍스트의 매끄러움과 문장의 정합성만으로는 더 이상

차별성을 확보하기 어려운 현실에서 텍스트의 가치는 설명 가능성과 검증 가능성을 통해 인정될 수 있다. 그리고 설명과 검증은 바로 증거 기준(evidence standards), 설명 절차(explanatory procedure) 그리고 책임 구분(accountability mapping)을 통해 현실화된다.

첫째, 어떤 자료를 신뢰 가능한 증거로 채택하고 어떻게 교차 검증할지를 규정하는 원칙, 즉 증거 기준이 필요하다. 증거 채택의 기준이 선명해질수록 의미 구성의 정합성이 높아지면서 독자는 텍스트의 의미를 이해하기 쉬워진다. 둘째, 의미를 체계적으로 정교하게 구성하는 설명 절차를 구체화해야 한다. 가정과 한계를 분명하게 드러내고 AI 생성물의 선택과 배제의 이유를 구조적으로 제시해야 한다. AI가 생성한 텍스트가 어떤 조건에서 타당성을 확보할 수 있는지를 명확히 하지 않으면 폐쇄적인 독백 수준에 머물 수밖에 없다. 셋째, 인간과 AI의 역할 · 기여와 결과에 대한 책임 범위를 명시하는 구분이 필요하다. 필자가 어떤 프롬프트를 사용했는지, AI의 어떤 제안을 채택했고 왜 그렇게 결정했는지를 구체적으로 명시해야 하며, 사실 검증과 최종 서술에 대한 책임이 필자에게 있음을 함께 밝혀야만 텍스트가 검증 가능한 체제 안에서 공유될 수 있기 때문이다.

글쓰기가 AI 기술과 결합할 때 필요한 전환은 증거 기준, 설명 절차, 책임 구분이라는 세 축을 기반으로 한다. AI는 인간 사회를 더욱 빠른 속도로 몰아갈 가능성이 크므로 의미를 검증하고 구조화하는 과정에 더 많은 시간과 토론이 요구된다는 사실을 인정해야 한다. 또한 추가적으로 투입되는 시간과 노력을 보상할 수 있을 만큼 증거 기준을 정비하고 설명 절차를 투명화하며 책임 구분을 명료화하는 노력이 필요하다. 생성형 AI와 데이터, 인터페이스에는 이미 특정한 시선이 내재된 만큼, 도구의 선택이 기술적 편의가 아닌 가치 판단에 의해 좌우될 가능성이 적지 않다. 이러한 메커니즘이 은폐된 채 오직 결과 제시에 집중한다면 생산량이 늘어날수록 신뢰는 오히려 낮아지는 역설적 상황에 갇히게 될 수 있다. 따라서 AI 시대 대학 글쓰기에서는 대상과 논제에 대해 어떤 증거에 근거하여 판단했는지, 해당 판단이 어떤 규범에 의거하여 어떤 방식으로 설명되었는지, 그리고 판단과 설명의 세부 과정에 대한 책임이 누구에게 귀속되는지를 중심 질문으로 삼아야 한다(Nakagawa et al. 2023). 이 질문이 글쓰기 과정의 중심에 놓일 때, 텍스트는 공론장에서 논의 가능한 주장으로 인정될 수 있으며 독자는 텍스트에 내재된 논리의 경로를 따라가면서 설득의 장으로 진입할 수 있을 것이다.

AI의 보급은 생산의 평균을 끌어올린다. 하지만 평균의 상승이 반드시 텍스트의 질적 수준을 보장하는 것은 아니다. 개별 텍스트가 거두는 성과는 설명 가능성에 달려 있으며, 설명 가능성은 앞서 제시한 세 가지 요소가 유기적으로 맞물릴 때 확보될 수 있다. 먼저 증거 기준이 명백해야 한다. 자료의 출처를 독자가 확인할 수 있도록 밝히고, 인용의 맥락과 해석의 범위를 명확히 해야만 독자는 주장과 증거의 관계를 인식할 수 있다. 다음으로는 설명 절차가 명확해야 한다. 설명 절차가 불투명하면 논증이 아닌 폐쇄적 독백에 머물게 될 공산이 크다. 생성형 AI가 제시한 초안이 어떤 조건에서 타당한지, 어떤 상황에서 논지가 흔들리는지를 정확히 파악하고, 반례와 대안을 스스로 도출해 논지를 조정할 때, 텍스트의 설득력이 확보될 수 있다(Miller, 2019; Bittle & El-Gayar, 2025; McGuirk, 2025). 마지막으로 책임 구분이 뚜렷해야 신뢰가 축적된다. 어떤 프롬프트를 사용했고 AI의 산출물 중에서 무엇을 채택하거나 폐기했는지 그리고 수정의 이유가 무엇이었으며 그에 따라 결과는 어떻게 달라졌는지를 남기는 기록은 텍스트를 검증 가능한 공공재로 전환시키는 근원적 힘으로 작용한다(McGuirk, 2025;

McNutt et al., 2018).

협력의 체계와 역할의 분담

AI가 공존하는 쓰기 환경에서 새롭게 요구되는 또 하나의 작업은 협력의 개념을 재규정하는 것이다. 협력은 인간이 AI를 보조 장치처럼 부리는 태도가 아니라, 역할을 분명히 나누고 그 역할이 만들어 내는 책임의 범위를 상호 인정하고 공유하는 태도다. 생성형 AI는 광범위한 자료를 수집하고 대안을 신속하게 제시하는 데 강점을 보인다면, 인간은 개념의 경계를 분명히 하고 맥락의 층위를 조정하며 논리의 결을 통일하는 데서 우위를 점할 수 있다. 이러한 역할 분담이 제대로 작동하면 텍스트의 매끄러움보다 해석을 우선하는 방향으로 글쓰기가 전개된다. 그리고 해석의 정확성은 체계적인 기록을 통해 재현 가능성을 높일 수 있다. 또한 재현 가능성이 확보되면 공동체는 동일한 절차를 반복하여 유사한 수준의 텍스트를 생산할 수 있고, 반복 가능성은 텍스트 생산과 소비를 가능하게 만드는 신뢰의 기반으로 자리 잡게 될 것이다.

투명하게 드러난 증거 · 설명 · 책임의 층위는 독자에게 추론의 경로를 안내함으로써 이해의 깊이와 몰입의 지속성을 높일 수 있다. 또한 이유와 근거가 명확하게 제시되면 설득력이 강화되고 신뢰가 자연스럽게 축적되므로, 쓰기 공동체는 앞으로 직면하게 될 어려운 문제들을 차분하면서도 정직하게 다룰 수 있는 토대를 확보할 수 있다.

대학 글쓰기 교육에 부여된 역할

생성형 AI가 만들어 낸 문장들이 출발점이고 인간이 부여한 증거 기준과 설명 절차 그리고 명확한 책임 구분이 도착점이라면, 대학 글쓰기 교육은 출발점과 도착점 사이의 거리를 줄이는 실질적 동력으로 기능해야 한다. AI의 일상화는 이전과는 비교할 수 없는 수준의 텍스트 생산으로 이어질 것이다. 그러나 생산의 속도와 양이 증가할수록 해석의 노력도 그만큼 병행되어야 텍스트는 저마다 고유한 가치를 지닐 수 있다. 또한 설명의 투명성은 흔들리는 신뢰를 굳건하게 잡아주는 역할을 수행할 것이다. 즉, 기술이 거대해질수록 인간의 역할을 지켜내고 기술과 병립하려는 노력의 중요성은 커진다. 이 책에서는 AI와 협력 체계를 구축해야 하는 인간의 역할을 인식하고, 그에 따라 실천해야 할 과제를 점검하면서 대학 글쓰기 교육이 지향해야 할 길을 모색하고자 한다.

이 책의 구성

이 책에서는 AI 시대 대학 글쓰기 교육의 변화 양상과 혁신적 대응 전략을 10개 장에 걸쳐 다룬다. 책의 전반부(1~3장)는 변화의 실태와 주체 · 도구의 재정의를 통해 'AI와 대학 글쓰기'라는 주제에서 다뤄야 할 문제들의 이론적 기반을 제시한다. 중반부(4~6장)는 협업 모델과 프롬프트 · 과정 재설계를 통해 대학 글쓰기의 실천 전략을 구체적으로 논의한다. 후반부(7~10장)에서는 텍스트의 질과 책임의 기준에 대해 고찰한다. 이 책은 AI가 일상화된 쓰기 환경에서 대학 글쓰기 교육에 제기되는 문제를 '무엇을 바꿔야 하는가'에서 '어떻게 수업을 설계할 것인가'까지를 연쇄적으로 따라가며, 실험 가능한 절차와 점검 항목 그리고 환경 변화에 맞추어 바꿔나가야 하는 요소들을 자연스럽게 살펴볼 수 있도록 구성했다. 또한 기술에 대해 낙관도 불안도 아닌 균형 잡힌 태도를 견지하면서 인간의 최종 책임과 비판적 사고를 중심에 두고 AI를 '동료'로 인식하려는 의도를 독자가 명확히 이해할 수 있도록 서술했다.

각 장의 중심 내용은 다음과 같다. 1장에서는 생성형 AI 도입으로 인해 변화하는 대학 글쓰기 환경과 대학 글쓰기 교육에 미치는 영향을 개관하고, 인간 필자의 쓰기와 AI 생성 글쓰기의 특성을 비교한다. 2장에서는 모바일 네이티브 개념을 통해 현재 대학 학습자의 특성을 살펴보고 AI 기술을 대하는 태도와 활용 양상에 대해 논한다. 효율성과 속도에 대한 선호도가 높으며 트렌드 변화에 민감하고 유동적 소비에 익숙한 모바일 네이티브가 대학 학습자의 대다수를 차지하는 현실에서 교수자 · 학습자 사이의 리터러시 간극을 조명하고 AI를 활용한 글쓰기 방법의 개발 필요성을 제기한다. 3장은 AI 도구의 확산에 따라 변화하는 글쓰기 교수자의 역할을 '설계자-조력자-촉진자'로 다중화하는 방안을 고찰하면서 교수자가 AI를 수업에 통합하여 교육하는 구체적 방법들을 탐색하고 비판적 리터러시 교육의 중요성에 대해서도 논의한다.

4장에서는 '동료로서의 AI' 개념을 기반으로 인간과 AI가 협력하는 글쓰기를 실현하는 구체적인 방법으로 '인간-AI-인간' 순환 체계인 'AI 샌드위치 워크플로'를 제시한다. 글의 목적 · 평가 기준 · 프롬프트를 인간이 규정하고 AI가 초고 작성에 필요한 자료와 글의 주제, 대안을 생성하면, 인간은 최종적으로 비판적 검토 · 재구성 · 편집을 수행하는 방식이 AI 시대 글쓰기의 새로운 패러다임이 될 수 있음을 논증한다. 5장에서는 프롬프트를 '구조화된 명령 체계'로 정의하고, 사전 지식(prior knowledge) · 배경 지식(background knowledge)이 프롬프트의 질을 좌우한다는 점을 다층적 맥락에서 설명한다. 효과적인 프롬프트 작성을 위해서는 맥락 기반 설계, 재프롬프트, 기록 · 성찰 포트폴리오 구성 능력을 갖추기 위한 훈련이 필요하며, '비판적 프롬프트 리터러시' 역량을 향상하려면 이론-실습-윤리가 통합된 프롬프트 교육 모형의 개발과 운영이 필요함을 강조한다. 6장에서는 AI를 활용한 글쓰기 과정의 재구성 방안을 다루며, 아이디어 생성, 초안 작성, 편집 등 단계별로 AI를 활용하는 교육 모형을 제안한다.

7장은 AI를 활용한 실시간 피드백 제공 방식과 이를 통한 학습자의 자기주도적 학습 강화 전략을 다룬다. GPT 계열 챗봇이 수행하는 즉각적 · 맞춤형 피드백 분석을 통해 AI 피드백의 적용 가능성을 타진하고 교수자 · 동료 등의 인간 피드백과 결합한 하이브리드 모델의 활용을 제안한다. 8장에서는 AI의 텍스트 생성이 인간의 사고 · 지식 변형 과정을 대체하지 못하는 이유를 살펴보고, AI 활용 글쓰기에서 비판적 사고와 메타 인지 능력을 높이는 교육의 중요성을 확인한다. 'AI를 촉매로 삼되, 판단 · 책임 · 통제의 권한을 학습자가 주도'하는 원칙을 구체화하며, 쓰기 평가에서는 생산물인 최종 텍스트만이 아니라 과정 수행 자료(프롬프트·수정 기록·자기평가)를 함께 평가하는 방법을 살펴본다. 9장에서는 'AI 활용의 투명성'을 대학 글쓰기 규범의 핵심으로 삼고, 과제 수행에서 AI 사용 고지, 세부 지침 제공, 공정성 담보의 절차화 등 대학 글쓰기가 기술의 빠른 변화 속에서도 지켜야 할 규범과 운영 원칙을 체계화한다. 마지막 10장에서는 AI 통합으로 인해 혁신되는 대학 글쓰기 교수 학습 모델의 미래를 전망한다. AI의 급속한 확산으로 인한 쓰기 환경의 변화를 확인하고 각 장에서 도출된 원리들을 수업 단위에서 운용하는 방법들을 논의한다.

참고문헌

장강명(2025). 《먼저 온 미래》. 동아시아.

Ateriya, N. et al.(2025). Exploring the ethical landscape of AI in academic writing. *Egyptian Journal of Forensic Sciences, 15*(36), pp.1~9.

Bittle, K. & EI-Gayar, O.(2025). Generative AI and Academic Integrity in Higher Education: A Systematic Review and Research Agenda. *Information, 16*(4).

McGuirk, R.(2025.10.7). Deloitte to partially refund Australian government for report with apparent AI-generated errors. AP News. https://apnews.com/article/australia-ai-errors-deloitte-a

b54858680ffc4ae6555b31c8fb987f3

McNutt, M. K. et al.(2018). Transparency in authors' contributions and responsibilities to promote integrity in scientific publication. *PNAS, 115*(11).

Miller, T.(2019). Explanation in AI: Insights from the Social Sciences. *Artificial Intelligence, 267.*

Nakagawa, S. et al.(2023). Method Reporting with Initials for Transparency (MeRIT) promotes more granularity and accountability for author contributions. *Nature Communications, 14.*

Stanford Encyclopedia of Philosophy. Epistemology. https://plato.stanford.edu/entries/epistemology

Stanford Encyclopedia of Philosophy. Evidence. https://plato.stanford.edu/entries/evidence

Wang, C. et al.(2024). Understanding self-directed learning in AI-assisted writing: A mixed methods study of postsecondary learners. *Computers and Education: Artificial Intelligence, 6*, 100247.

01
AI와 대학 글쓰기의 변화

대학 글쓰기 교육은 새로운 패러다임을 모색해야 한다. 'AI로 인해 글쓰기 교육은 이제 끝났다'는 식의 절망적인 견해나 'AI 사용을 전면 차단해야 한다'는 회피적 태도는 생산적이지 않다. 지금 가장 중요한 과제는 AI를 활용하여 글쓰기 교육의 본질적 가치를 한 단계 끌어올리는 방향을 모색하고 그에 부합하는 구체적인 방법을 개발하는 것이다.

기후 위기와 인공지능?

생성형 AI의 등장과 글쓰기 교육의 충격

ChatGPT를 비롯한 생성형 AI의 등장은 대학의 글쓰기 교육에 이전까지 겪어보지 못했던 큰 충격을 주었다. ChatGPT는 출시 5일 만에 사용자가 100만 명에 도달하면서 AI가 우리 사회에 미치는 파급력이 얼마나 커질 것인지를 보여 줬다. 특히 글쓰기 교육은 AI의 등장이 가져올 변화를 가장 크게 체감하는 분야 중 하나다. 글쓰기 능력은 그간 오직 인간만이 지닌 능력이자 학습자의 지식 수준과 사고력을 평가하는 척도로 여겨졌다. 하지만 생성형 AI가 인간과 비슷한 수준의 텍스트를 손쉽게 생산하는 현재, '기존의 글쓰기 교육 방식이 지속 가능할 것인가' 또는 '현재의 글쓰기 교육 방법이 앞으로도 유효할 것인가'에 관한 물음을 더 이상 피하기 어렵게 되었다. 즉, 글쓰기를 통해 학습자의 사고력과 표현력을 기르는 기존의 교육 방법이 AI 시대에도 유효할 수 있는지, 아니면 글쓰기 교육의 목표를 재정립하고 그에 따른 교육 방법들을 새롭게 개발해야 하는지에 대해 답을 해야 하는 상황에 직면한 것이다.

현재 대학에서 생성형 AI는 상당히 폭넓게 쓰이고 있다. ChatGPT의 등장 초기인 2023년 1월에 미국 스탠퍼드대학교에서 실시된 설문조사에 따르면 상당수의 학생들이 과제 수행에 ChatGPT를 활용하고 있었다(Cu & Hochman, 2023). 최근에는 AI의 사용량이 더욱 크게 증가한 것으로 보인다. 영국의 고등교육 정책연구소(The Higher Education Policy Institute)의 2025년 보고서에 따르면 조사 대상 대학생들 중 92%가 어떤 형태로든 AI를 사용하고 있으며, 이는 2024년 조사 결과인 66%를 훨씬 상회하는 수치다. 대다수의 대학생들은 생성형 AI를 개념 설명, 논문 요약, 연구 아이디어 제안에 활용하고 있지만, 상당수의 학생(18%)이 AI가 생성한 텍스트를 그대로 사용한다고 답했다(Freeman, 2025). 생성형 AI 활용 비중이 높아지는 것은 국내 대학생들의 경우도 다르지 않다. 국내 한 대학 신문사에서 실시한 조사에서는 과제 수행에서 생성형 AI를 '매우 많이' 또는 '많이' 사용하는 비율이 44.9%, '보통'이 27.1%였다(권지민 · 박서준, 2025). 또 다른 대학에서 실시한 설문조사에서는 생성형 AI를 일주일에 '5회 이상' 사용하는 비율이 34%, '3~4회' 23%, '1~2회'가 20%, 결과물로는 '과제물'이 56%, '글쓰기 및 프로그램 제작'이 19%를 차지했다. 또한 응답자의 90%가 생성형 AI를 활용하여 과제물을 제출한 경험이 있다고 답했다. 또한 과제물을 제출한 학생 중의 82%가 참고 수준으로 '간접적 활용'을, 결과물의 변형 없이 '직접적 활용'은 4%인 것으로 나타났다(심재형 · 강승민, 2025).

생성형 AI 사용이 학습자의 사고력과 창의력 저해로 이어질 것이라는 지적과 함께 아이디어 생성 등의 제한적인 활용은 허용할 여지가 있다는 현실론 역시 만만치 않다. 실제로 현재 교육 현장에서는 AI에 대한 부정적 금지론, 부분적 수용론, 적극적 활용론의 세 입장이 혼재하고 있으며, 명확한 합의나 지침이 부족한 실정이다. UNESCO가 2023년 전 세계 450여 개 교육기관을 조사한 결과, 교내 AI 활용에 대한 공식 지침을 갖고 있는 교육기관이 10% 미만일 정도로 제도적 준비가 충분하지 않다(UNESCO, 2023).

생성형 AI가 대학 글쓰기에 미치는 영향

생성형 AI는 대학 글쓰기의 전 과정에 걸쳐 크고 작은 영향을 미치고 있다. 제일 먼저 영향을 미치는 부분은 아이디어 구상이다. 과거에는 학습자들이 주제를 정하고 자료를 조사하며 개요를 세우는 데 상당한 시간을 투자했지만, 이제는 생성형 AI 모델에 간단한 질문을 던지기만 하면 주제와 관련된 아이디어들은 물론, 개요와 초고까지 확보할 수 있다. 이러한 변화는 글쓰기의 진입 장벽을 낮추는 긍정적인 효과를 기대할 수 있다는 시각도 적지 않다. 글쓰기 능력이 미숙한 학생들도 생성형 AI의 도움을 받아 글의 전체적인 계획과 그에 맞는 뼈대를 세울 수 있기에 일단 무엇이라도 써볼 수 있겠다는 자신감을 얻을 수 있기 때문이다. ChatGPT 출현 초기, 뉴질랜드의 한 학생은 자신의 글쓰기 능력이 부족하다는 이유로 낮은 평가를 받아온 것을 불만스럽게 여기며 ChatGPT 활용을 옹호했다.

> 5월에 뉴질랜드의 한 학생은 에세이를 작성하기 위해 인공지능을 사용했다고 고백하면서 ChatGPT를 Grammarly(문법 수정 인공지능 모델-인용자 주)나 맞춤법 검사기와 같은 도구로 정당화했다. 그는 크라이스트처치 학생 신문과의 인터뷰에서 "저는 지식과 생생한 경험이 있고 모범적인 학생이며 모든 개별 지도와 강의를 수강하고 읽기 자료들을 모두 읽었지만, 유려하게 글로 쓰는 능력이 부족하여 좋은 평가를 받지 못하는 것이 부당하다고 생각했습니다"고 답했다. 그가 다니는 대학교의 학생 가이드라인에는 자신의 과제를 다른 사람이 대신해서는 안 된다고만 되어 있을 뿐이며, 그는 ChatGPT가 "다른 사람"이 아니라 하나의 프로그램이기 때문에 부정행위와 같이 문제가 되지 않는다고 생각했던 것이다(Marche, 2022).

12년 동안 대학원에서 조교로, 공립 및 사립학교에서 겸임 교수로 그리고 고등학교에서 영어를 가르친 다니엘 허먼(Herman, D.)의 경험에 의하면 미국 고등학생들은 글쓰기 능력에 따라 상위, 중위, 하위의 세 개의 그룹으로 나눌 수 있다고 한다. 하위 그룹은 문법 규칙, 구두점, 기본 이해력 및 가독성에 대한 능력을, 중위 그룹은 문장을 배열하고 에세이에서 단락을 배열하는 등의 논증과 조직화 작업에 대한 능력을 갖춰야 한다. 상위 그룹은 어조, 리듬, 다양성, 감정적 유려함 등을 통해 글의 수준을 높이는 능력을 향상시켜야 한다. 학습자들은 각자 중・고등학교 그리고 대학에서 반복적으로 글쓰기를 수행하면서 쓰기 능력을 높이려고 부단히 노력하지만, 교사들의 도움에도 불구하고 상당수가 하위 그룹에서 벗어나지 못하거나 중위 그룹에 머무르게 된다. 하지만 허먼은 ChatGPT와 같은 개인 글쓰기 튜터를 활용하면 모든 학생들이 즉각적으로 상위 그룹에 속하게 될 것이라고 주장한다. ChatGPT 활용을 통해 중・하위 학생들은 글쓰기의 기초를 습득한 것으로 간주되고 쉼표 연결, 주어-동사 불일치, 수식어 사용과 같은 번거로운 작업에서 벗어나 모든 학생들이 상위 그룹에서 요구되는 세밀한 작업이나 새로운 작업을 수행할 수 있는 기회를 가질 수 있게 된다는 것이다(Herman, 2022).

그의 주장에 따르면 글쓰기 결과만으로 학습자의 사고력이나 문제 해결 능력을 평가하는 것은 부당할 수 있으며, AI 활용이 오히려 학습의 효율을 높일 수 있다는 관점도 성립한다. 이러한 의견은 전통적 글쓰기 평가 방식에 대한 재고가 필요해졌음을 의미한다. 글쓰기 평가는 단지 글쓰기 결과물만이 아니라 쓰기 과정에서의 사고력 활용 정도를 함께 고려해야 한다는 주장으로 이어질 수 있기 때문이다.

생성형 AI가 대학 글쓰기의 윤리와 평가에 던지는 도전 역시 만만치 않다. AI로 생성한 글은 누구의 산출물로 간주해야 하는가. 학습자가 AI의 도움을 받아 쓴 글을 자신의 것으로 제출한다면 표절로 보아야 하는가, 아니면 새로운 형태의 공동 작업으로 인정해야 하는가. 현재 많은 대학에서 이에 대한 논의가 진행 중이며, AI 활용을 부정행위로 규정해야 한다는 입장이 있는가 하면, 학습 도구로 부분 혹은 전면 허용해야 한다는 의견 역시 적지 않다. 문제는 논의들이 좀 더 생산적이어야 하며, 아울러 각 대학들이 좀 더 구체적인 방안들을 세워야 한다는 데 있다. 표절 검사 서비스 턴잇인(Turnitin)이 발표한 데이터에 의하면 2023년 4월 이후 플랫폼에 제출된 2억 개의 논문 중 2200만 개 이상에서 AI 생성 콘텐츠가 최소 20% 이상 포함된 것으로 확인되었다(박찬, 2024). 이러한 조사는 이미 대학생의 상당수가 AI를 활용해 글쓰기를 하고 있으며, 교수자들이 더 이상 외면하기 어려운 상황에 도달했음을 의미한다.

대학 글쓰기 교육은 양날의 검과 같은 AI의 영향을 균형 있게 다룰 필요가 있다. 즉, AI로 인해 교육적으로 강화될 수 있는 측면과 반대로 약화될 수 있는 측면을 모두 인지해야 한다. 긍정적으로 보자면, AI 활용을 통해 학습자들은 좀 더 다양한 자료와 표현을 활용하고 글쓰기를 자기주도적으로 학습할 수 있는 기회를 늘릴 수 있을 것이다. AI는 언제 어디서나 아이디어 제시나 문장 표현의 개선안을 실시간으로 제공해 줄 수 있는 조력자의 역할을 수행할 수 있기 때문이다. 하지만 부정적인 측면 역시 무시하기는 어렵다. 학습자들이 AI에 지나치게 의존하는 경우, 비판적 사고 없이 생성된 텍스트를 그대로 수용할 가능성도 적지 않다. 또한 AI 출력물의 정확성과 신뢰성 문제는 늘 존재하며, 출력물을 면밀하게 검증하지 않고 사용할 경우 잘못된 정보들이 활용될 위험 역시 배제하기 어렵다. 그러므로 앞으로 글쓰기 교육에서는 AI를 활용한 정보 검색과 텍스트 생성, 그리고 그 결과물의 검증과 비판적 평가까지 아우르는 포괄적인 접근이 전제되어야 한다.

리터러시 환경의 변화와 새로운 패러다임 모색

생성형 AI는 글쓰기의 과정과 본질에 대해서도 근본적인 성찰을 요구한다. 인간의 글쓰기가 단순히 문장을 써내는 행위가 아니라, 언어를 통해 사고를 발전시키고 지식을 변형·창출하는 복합적인 인지 활동이라는 점은 오래전부터 강조되어 왔다. 능숙한 필자는 글쓰기 과정에서 자신의 사고를 끊임없이 점검하고 조정함으로써 새로운 통찰을 얻는데, 이러한 지식 변형(knowledge-transforming) 과정은 글쓰기 교육의 핵심 목표 중 하나이기도 하다. 반면 AI의 글쓰기는 방대한 언어 데이터에 기반해 입력 → 출력의 일방향 예측으로 텍스트를 생성할 뿐, 스스로 깨달음이나 맥락에 대한 이해를 동반하지 않는다. AI는 독자와의 상호작용이나 주체적 사고 없이 오직 결과물만 산출하므로 생성된 문장은 겉보기에는 그럴듯해도 사실 오류나 논리적 비약에서 완전히 자유롭기는 어렵다. 즉, 그럴듯한 문장들로 채워진 생성형 AI의 텍스트가 실제로는 완전히 잘못된 내용일 수도 있다. AI 기술은 앞으로도 빠르게 발전할 것이다. 하지만 확률적 예측에 의해 문장을 생성하는 방식의 한계로 인해 AI가 만들어 낸 텍스트를 비판적으로 검토하고 사실 여부를 검증하는 능력이 그 어느 때보다 중요해졌다.

따라서 대학 글쓰기 교육은 새로운 패러다임을 모색해야 한다. 'AI로 인해 글쓰기 교육은 이제 끝났다'는 식의 절망적인 견해 또는 'AI 사용을 전면 차단해야 한다'는 회피적 태도는 결코 생산적이지 않다. 지금 해야 할 가장 중요한 과제는 AI를 활용하여 글쓰기 교육의 본질적 가치를 한 단계 높이는 방향을 모색하고 그에 걸맞은 구체적인 방법들을 개발하는 것이다. 기술 발전으로 인한 리터러시의 환경 변화를 능동적으로 수용하지 못한다면, 결국 교육 본연의 역할을 다하지 못할 위험이 크다는 사실은 자명하다. 이제 글쓰기 교육자들은 AI를 도구 이상의 협력자로 인식하고, 그 존재를 전제로 교육 목표와 방법을 재구성하는 데 전력을 다해야 한다. 이를 위해서는 글쓰기 교육에 대한 관습적 사고에서 벗어나려는 노력이 필요하다. 글쓰기 기초 능력 자체를 가르치는 데 치중하기보다는 AI와의 협업을 통해 고차원적 사고력과 표현력을 기를 수 있는 방향으로의 전환도 한 예가 될 수 있을 것이다. 학습자들이 AI의 도움으로 글쓰기의 기본기를 익히면서도 비판적 사고와 창의적 소통 능력을 더욱 향상시키는 쪽으로 글쓰기 교육의 초점을 과감하게 옮기려는 노력이 필요하다. 즉, 생성형 AI 시대의 글쓰기 교육은 AI가 필연적으로 가져온 변화를 과감하게 수용하되, 인간 고유의 사고력 계발을 중심에 놓는 양면 전략으로 전환되어야 한다.

참고문헌

강정수 외(2023). 《생성 AI 혁명》. 더퀘스트.

권지민·박서준(2025.4.7). "생성형 AI, 대학과의 건강한 공존 필요해". 명대신문.
https://news.mju.ac.kr/news/articleView.html?idxno=13206

박찬(2024.4.17). ""AI 논문 표절 심각"… 수백만명이 논문 작성에 생성 AI 활용". AI 타임즈.
https://www.aitimes.com/news/articleView.html?idxno=158881

심재형·강승민(2025.4.14). "10명 중 9명 과제물에 생성형 AI 사용, 한쪽짜리 안내 AI 윤리강령 개선돼야". 국민대신문.
https://press.kookmin.ac.kr/news/articleView.html?idxno=103966

정제영 외(2023). 《챗GPT 교육혁명》. 포르체.

주민재(2023a). "생성 인공지능의 출현과 글쓰기 교육의 관계에 대한 고찰". 《한국문예비평연구》, 79, 243~272쪽.

주민재(2023b). "생성형 인공지능 시대의 글쓰기 교육 방향 모색: '쓰기 전 단계'에서 ChatGPT 활용에 대한 대학 학습자의 효용성 인식 분석을 중심으로". 《돈암어문학》, 44, 71~103쪽.

주민재(2025). "생성형 인공지능과 인간의 글쓰기 작동 원리 비교

분석: 디지털 리터러시 전환기에서 쓰기 교육의 이론적 재구성 모색". 《리터러시 연구》, 16(3), 39~72쪽.

Cu, M. A. & Hochman, S.(2023.1.22). Scores of Stanford students used ChatGPT on final exams, survey suggests. The Stanford Daily.

Freeman, J.(2025.2.26). Student Generative AI Survey. The Higher Education Policy Institute (HEPI).
https://www.hepi.ac.uk/2025/02/26/student-generative-ai-survey-2025/

Herman, D.(2022). The End of High-School English. The Atlantic.
https://www.theatlantic.com/technology/archive/2022/12/openai-chatgpt-writing-high-school-english-essay/672412/

Marche, S.(2022.12.6). The College Essay Is Dead: Nobody is prepared for how AI will transform academia. The Atlantic.

UNESCO(2023.9.7). UNESCO: Governments must quickly regulate Generative AI in schools.
https://www.unesco.org/en/articles/unesco-governments-must-quickly-regulate-generative-ai-schools

02
AI와 모바일 네이티브

모바일 네이티브 세대의 학습자와 디지털 이주민 세대인 교수자 사이에서 발생할 수 있는 리터러시 간극을 메우기 위해 교수자는 전통적 글쓰기의 가치와 함께 AI를 활용한 새로운 글쓰기 방식의 장단점을 균형 있게 지도해야 한다. 즉, 대학의 학습자들이 AI 시대에 걸맞은 효율성과 창의성, 책임감을 모두 갖춘 글쓰기 능력을 기를 수 있도록 교육 방향을 설정하고 교육 방법을 개발할 필요가 있다.

노래하는 AI 보컬?

디지털 네이티브에서 모바일 네이티브로

현재 대학생들은 어릴 때부터 디지털 미디어 환경에 노출되어 성장한 세대로서 흔히 '디지털 네이티브(digital native)'로 불린다. '디지털 네이티브'는 마크 프렌스키(Prensky, 2001)가 1990년대 후반부터 시작된 디지털 기술의 발전과 보급과 함께 성장하여 "컴퓨터, 비디오 게임, 인터넷 언어의 원어민(native speaker)"이 된 첫 세대를 규정하기 위해 만든 용어였다. 프렌스키의 '디지털 네이티브'는 기본적으로 유선 인터넷과 PC 기반 체제를 전제로 하는 개념이므로 모바일 기반 디지털 환경에서 성장한 현재 대학생들을 가리키는 용어로 쓰기에는 어색하다. 신문이나 잡지의 기사 등 대중적인 용어와 달리 개념 규정을 명확히 해야 하는 학술적 용어는 좀 더 신중을 기할 필요가 있다.

모바일 기기 중심의 환경에서 성장한 첫 세대를 가리키는 용어로는 '모바일 네이티브(mobile native)'가 적절한 것으로 보인다. 모바일 네이티브는 소셜 미디어의 발전과 함께 성장했기에 항상 온라인으로 연결되어 있는 초연결성을 당연한 삶의 일부로 여긴다. 언제 어디서나 모바일 네트워크를 통해 타인과 소통하고 정보를 교환해 온 경험 덕분에, 모바일 네이티브는 정보의 즉각적 공유와 실시간 상호작용에 매우 익숙하다. 가령 이들은 동시에 같은 영상 콘텐츠를 시청하며 실시간으로 의견과 감정을 공유하는 경험을 일상적으로 반복하면서 국경과 관계없이 세계 누구와도 소통할 수 있다는 인식을 갖게 되었다(주민재, 2022).

'디지털 네이티브' 개념이 단순히 디지털 기술에 익숙한 세대를 뜻했다면, '모바일 네이티브'는 그중에서도 모바일과 소셜 미디어 환경에 최적화된 세대라는 함의를 지닌다. 이들은 PC보다 스마트폰을 통한 소통에 더 능숙하고, 문자 텍스트보다 영상 및 멀티미디어 콘텐츠에 더 친숙하다. 특히 이 세대는 트렌드에 대한 민감도가 높고, 유행을 놓치지 않는 것을 중요하게 생각하는 경향이 있다. 소셜 미디어를 통해 다른 사람들의 삶과 취향이 실시간으로 비교되는 환경에서 자랐기에, '힙(hip)하다'고 여겨지는 최신 흐름에 뒤처지지 않는 것을 자기표현의 중요한 요소로 여기는 성향도 다분하다(주민재, 2025).

모바일 네이티브 세대의 부상은 대학 교육, 특히 글쓰기 교육 맥락에서 중요한 의미를 가진다. 모바일 네이티브는 디지털 리터러시 측면에서 이전 세대와 다른 강점을 보인다. 디지털 자원을 다중적으로 탐색하고 여러 콘텐츠를 동시에 소비하며, 필요에 따라 새로운 콘텐츠를 생산하는 능력이 뛰어나다. 이들은 과제를 할 때 책이나 논문에만 의존하지 않는다. 유튜브 영상, 팟캐스트, 블로그 등 다양한 매체를 통해 수집한 다수의 정보를 바탕으로 자신의 의견을 형성한다. 또한 소셜 미디어에서 자신을 표현해 온 경험 때문에 짧은 글이나 이미지로 핵심을 전달하는 감각 역시 이전 세대보다 발달해 있다. 반면, 전통적 글쓰기 양식에 대한 이해도와 수행도는 상대적으로 높지 않다. 모바일 네이티브 상당수가 이메일 쓰기를 어려워하는 현상은 그들이 전통적 리터러시 환경에 익숙하지 않음을 확인할 수 있는 사례 중의 하나다.

모바일 네이티브의 특성은 대학에서 교수자와 학습자 간 리터러시 간극으로 가시화된다. 즉, 리터러시 환경의 변화로 인해 디지털 이민자로 살아 온 교수자들과 디지털(모바일) 환경에서 성장한 학습자의 리터러시 성격의 상이함으로 인해 대학 교육 전반에 걸쳐 갈등이 발생할 가능성도 배제할 수 없다. 따라서 세대 간 리터러시의 차이를 이해하고 전통적 리터러시와 디지털 리터러시의 조화를 이루기 위해서는 교육 내용과 방식의 재설계가 필요하다.

모바일 네이티브의 특성과 AI 활용 성향

모바일 네이티브 세대의 뚜렷한 특성 중 하나는 효율성과 속도에 대한 선호다. 이들은 유년기부터 방대한 양의 디지털 콘텐츠에 노출되는 상황에 익숙하고 트렌드의 변화가 매우 빠른 환경에서 성장했다. 그 결과 최신 정보를 빠르게 습득하고 공유하는 데 능하지만, 상대적으로 한 가지 콘텐츠를 깊이 있게 감상하거나 오랫동안 집중하는 데는 취약하다. 또한 화제가 되는 콘텐츠와 빠르게 변하는 트렌드를 놓치지 않으려고 배속 재생 기능을 활용하거나 영상의 요약본을 선호하는 경향이 강하다. 이로 인해 동영상, 뉴스, 글 등 다양한 콘텐츠를 감상이 아닌 소비의 대상으로 여기는 소위 유동적 소비(liquid consumption)가 일상화된다. 수용해야 할 콘텐츠가 너무 많은 상황에서 트렌드를 놓쳐서는 안 된다는 압박에 지속적으로 노출되면서, 깊이 있게 곱씹기보다는 핵심 정보만 재빠르게 파악하고 넘어가는 방식이 일반화된 것이다. 예를 들어 영화나 드라마조차 작품으로서 음미하는 대신, 줄거리 요약이나 하이라이트만 소비하고 다음 화제로 이동한다. 결국 모바일 네이티브에게 콘텐츠 소비는 예술적 향유라기보다 필요한 정보를 빠르게 획득하는 행위로서 효율성 극대화를 추구하는 성향과 연결된다(주민재, 2023a).

모바일 네이티브 세대는 새로운 기술에 대한 수용성이 높고 활용에 능숙하다. 성장기부터 모바일 환경과 다양한 애플리케이션에 노출되었기에, 이들은 AI 도구에도 거부감이 없으며 적응도 빠른 편이다. 실제로 대학생들의 상당수가 과제 아이디어를 얻거나 자료 요약, 코드 디버깅 등 다양한 용도로 생성형 AI를 활용한다. AI를 학습의 편의를 위한 도구의 하나로 인식하는 것이다. 그러나 이러한 경향은 AI 활용에 내재된 위험성을 정확히 인식하지 못할 수 있다는 지적에서 자유롭기 어려운 것도 사실이다. 성장기부터 디지털 기술에 익숙해졌기에 AI가 제공하는 정보의 신뢰성 검증이나 윤리적 문제를 쉽게 생각할 가능성이 적지 않기 때문이다. 모바일 네이티브는 궁금한 점이 있으면 곧바로 인터넷 검색이나 AI 활용을 통해 즉각적인 답변을 얻는 데 익숙하지만, 그 답변이 얼마나 정확하고 공정한지에 대해 비판적으로 검토하는 습관은 상대적으로 부족할 수 있다. 즉, 다량의 정보를 빠르게 소비해 온 습관에 익숙해져 있으므로, AI의 답변 역시 깊이 검증하거나 비판적으로 숙고하기보다 곧바로 수용할 가능성이 높다는 지적은 설득력이 있다. 디지털 환경에 능숙하다고 해서 정보 리터러시까지 자동으로 높은 수준에 도달하는 것은 아니기 때문이다. 따라서 모바일 네이티브 세대에게는 AI를 활용하되 그 한계를 인식하고 결과물을 검증·보완하는 훈련이 반드시 필요하다.

대학 교육은 대학생의 대다수를 차지하는 모바일 네이티브의 장단점을 모두 고려하여 AI 활용 교육 전략을 세워야 한다. 우선 이들의 디지털 리터러시 역량을 적극 활용하는 수업을 디자인할 필요가 있다. 예를 들어 수업 과제로 AI와 협업하여 글쓰기를 수행하게 하고 그 과정과 결과를 평가하거나, 학습자들이 AI로 얻은 아이디어를 공유하고 토론하게 하는 등 모바일 네이티브의 소통 방식을 반영한 활동의 도입 등을 적극적으로 고려해야 한다. 또한 이들이 놓치기 쉬운 깊이 있는 비판적 사고 훈련을 강화하는 것도 중요하다. 모바일 네이티브 세대와 디지털 이주민 세대인 교수자 사이에 발생할 수 있는 리터러시 간극을 메우기 위해, 교수자는 전통적 글쓰기의 가치와 함께 AI를 활용한 새로운 글쓰기 방식의 장단점을 균형 있게 지도해야 한다. 즉, 대학의 학습자들이 AI 시대에 걸맞은 효율성과 창의성, 책임감을 모두 갖춘 글쓰기 능력을 기를 수 있도록 교육 방향의 설정과 교육 방법의 개발이 필요하다.

참고문헌

강정수 외(2023). 《생성 AI 혁명》. 더퀘스트.

주민재(2022). "'디지털 네이티브' 개념 재정립의 필요성 고찰:'모바일 네이티브' 개념과 특성을 중심으로". 《한국문예비평연구》, 75, 213~253쪽.

주민재(2023a). "모바일 네이티브의 부상과 유동적 소비의 관계 고찰". 《한국문예비평연구》, 77, 191~216쪽.

주민재(2023b). "생성 인공지능의 출현과 글쓰기 교육의 관계에 대한 고찰". 《한국문예비평연구》, 79, 243~272쪽.

주민재(2025). "텍스트힙 현상 분석을 통한 모바일 네이티브의 콘텐츠 소비 양상 탐구", ≪한국문예비평연구≫, 85, 139~172.

Prensky, M.(2001). Digital Natives, Digital Immigrants, On the Horizon. 9(5), 1~6.

03
글쓰기 교수자 역할의 다중화

글쓰기 교수자는 AI를 포함한 다양한 도구를 활용하여 학습자의 사고력과 문제 해결 능력을 강화할 수 있는 프로그램의 '설계자', 학습자가 주체적으로 학습하도록 동기를 부여하는 '촉진자' 그리고 맥락화된 학습이 원활하게 이루어지도록 돕는 '조력자'의 역할을 다중적으로 수행할 수 있어야 한다.

인공지능과 편향?

AI 시대, 교수자 역할의 변화

생성형 AI의 도입은 대학 글쓰기 교수자의 역할에 근본적인 변화를 가하는 가장 강력한 요인이라고 해도 과언이 아닐 것이다. 전통적으로 글쓰기 교수자는 문장 구성, 논지 전개, 문법과 어법의 교정 등 글쓰기의 기본 지식을 가르치고 반복적인 피드백을 통해 학습자의 쓰기 능력을 향상시키는 역할을 수행해 왔다. 하지만 생성형 AI가 일정 수준의 문법이나 어법의 교정은 물론, 문장과 텍스트까지 생성할 수 있게 되면서 교수자의 역할 역시 단순한 지식과 기술의 전수자가 아닌, '고차원적 역량 개발의 촉진자'로 재정립되어야 한다는 주장이 힘을 얻고 있다. 즉, 교수자는 학습자들이 비판적으로 사고하고 논증할 수 있는 능력을 향상시키고 자신의 쓰기 과정을 메타적으로 인지하고 효과적으로 통제할 수 있도록 유도하고 촉진하는 역할을 담당해야 한다는 것이다. 이러한 교수자의 역할은 과거에도 제기되었고 이를 구체화하기 위한 연구들이 다수 수행되었지만, 기초 지식과 기술 교육 단계에 투입해야 하는 시간과 노력이 너무 커서 제대로 실행되기는 어려웠던 것이 사실이다. 하지만 AI를 글쓰기 교육의 효과적 도구로 활용한다면 교수자 역할이 변화될 수 있는 획기적인 전기를 마련할 수도 있다. 예를 들어 생성형 AI는 학습자들이 문법에 맞는 문장 쓰기나 개요 작성에 도움을 줄 수 있으므로, 교수자는 학습자들이 작성한 초고에 대한 심화된 피드백을 통해 발전 방향을 제시하는 데 집중할 수 있다. 마치 계산기의 등장으로 인해 수학 교육이 단순 계산보다는 문제 해결력과 개념 이해를 가르치는 데 집중하게 된 것과 유사하다.

물론 이러한 변화에 대해 일부에서는 혼란스러워하거나 이의를 제기할 수도 있다. 생성형 AI의 확산 초기, 몇몇 교수자들은 학습자들의 부정행위를 우려하여 과제를 손으로 쓰게 하거나 수업 시간 안에 작성하도록 제한하는 방식 등으로 대응하기도 했다. 이러한 대응은 AI의 등장이 교수자의 역할을 위협한다는 위기의식에서 비롯된 측면도 없지 않겠지만, 근본적으로는 쓰기 과정의 학습과 훈련을 통해 학습자의 사고력을 향상시킨다는 쓰기 교육의 목적을 실현하기 어렵다는 판단에서 비롯되었을 것이다. 하지만 AI의 확산과 활용이 거스를 수 없는 시대적 흐름이라면, 이를 효과적으로 활용하는 방식으로 쓰기 교육의 초점이 바뀌어야 한다는 주장이 시간이 갈수록 힘을 얻는 것은 자연스러운 현상으로 보인다. 이러한 주장은 올바른 어법이나 문장 쓰기 그리고 단락의 구성과 같은 글쓰기의 기초 능력을 갖추는 데는 AI의 도움을 받을 수 있게 되었으니, 교수자는 기초 교육에 투입하는 시간과 노력을 줄이고 학습자들이 창의적이고 비판적인 글쓰기 역량을 기르는 데 자원을 집중해야 한다고 역설한다. 이제 쓰기 교육에서 기초 글쓰기에 관한 지식과 기술은 AI 도구를 활용한 학습자의 자기주도적 학습을 통해 습득하도록 하고, 교수자는 아이디어의 독창성, 논증의 논리성, 자료의 신뢰성 평가 등을 심화 지도하는 방향으로 역할을 전환할 수 있다는 것이다.

역할의 다중화: 학습의 설계자, 조력자, 촉진자

생성형 AI의 상용화가 이루어지면서 글쓰기 교수자는 더 이상 '가르치고 전수하는 자'라는 전통적 역할에 머무를 수 없게 된 것은 분명하다. 새로운 과학 기술의 출현과 확산은 항상 이전과는 다른 사회적 · 문화적 · 제도적 맥락을 형성하고 그로 인해 수많은 변화들이 발생한다. 예를 들어 디지털 기술의 비약적 발전과 모바일 환경에서 성장한 현재 대학의 학습자들은 풍부한 정보와 도구를 자유롭게 활용할 수 있게 되면서 지식의 학습과 재구성의 맥락이 이전과는 달라졌다. 이런 변화는 일방적으로 지식을 전달했던 교수자의 역할에도 변화를 요구한다. 생성형 AI 역시 예외일 수 없다. 다만 쓰기 교육 분야에서 AI의 출현이 더 큰 충격으로 인식되는 이유는 그동안 인간만의 능력이라고 생각했던 글쓰기를 AI가 자동적으로, 그것도 상당히 높은 수준으로 수행하기 때문일 것이다.

디지털 환경이 일반화되면서 '비판적 리터러시'는 쓰기 교육에서 가장 많이 언급되고 강조되는 개념이다. 수많은 정보에 손쉽게 접근할 수 있는 환경에서 정보 수용과 활용에 대한 신중한 태도, 수용한 정보들을 기반으로 수행하는 지식 구성 그리고 (재)의미화 과정과 결과에 대한 성찰적 시각, 정보 수용과 재구성에 활용하는 디지털 도구들에 대한 비판적 거리 두기 등이 학습자가 갖추어야 하는 필수적인 능력이 되었다. AI의 출현과 확산은 비판적 리터러시의 중요도를 더욱 높이는 요인이다. 텍스트를 직접 만들어 내는 생성형 AI가 정보의 수용과 지식의 재구성 방식을 현격히 변화시킴으로써 학습자에게 요구되는 비판적 리터러시 수준이 더욱 높아졌다. 이러한 변화로 인해 교수자는 학습자의 비판적 리터러시 능력 향상에 중점을 두어야 한다. 특히 글쓰기 교육에서는 학습자가 AI 활용의 의미를 파악하고 정보 생성 방식에 대한 비판적 태도를 견지하고 AI에 효과적으로 질문하는 능력과 생성된 텍스트의 비판적 검토와 윤리적 활용 등을 원활하게 수행할 수 있도록 교육해야 한다. 따라서 교수자는 AI 기술에 대한 이해는 물론, 디지털 윤리 의식까지 학습자에게 함양시킬 수 있는 실질적인 교육 내용과 전략을 확보할 필요가 있다.

정리하면 교수자는 AI를 포함한 다양한 도구를 활용하여 학습자의 사고력과 문제 해결 능력을 강화할 수 있는 프로그램의 '설계자', 학습자가 주체적으로 학습하도록 동기를 부여하는 '촉진자' 그리고 맥락화된 학습이 원활하게 이루어지도록 돕는 '조력자'의 역할을 다중적으로 수행해야 한다. 특히 온라인 환경에 고립된 정보들은 탈맥락적인 경우가 많으므로 학습자들이 정보들을 연결하고 재구성을 통해 구체적으로 의미화함으로써 맥락적 이해를 할 수 있도록 교육할 필요가 있다(Holmes et al., 2019/2020). 흔히 AI 시대 핵심 역량 중의 하나로 '좋은 질문을 할 수 있고, AI의 답변을 비판적으로 분석 · 판단하는 능력'을 꼽는다. 이는 학습자가 비판적 사고와 문제 제기 능력 향상과 관련하여 교수자들의 역할이 더욱 커지고 있음을 의미한다.

참고문헌

김성우(2024). 《인공지능은 나의 읽기-쓰기를 어떻게 바꿀까》.

유유.
박숙자(2024). “챗GPT와 대학 글쓰기: 학습자 중심의 AI 피드백-문장 첨삭을 중심으로”. 《교양학 연구》, 27, 101~141쪽.
주민재(2022a). “디지털 미디어 환경의 특성에 입각한 디지털 리터러시 교육 방향 고찰”. 《언어사실과 관점》, 56, 93~120쪽.
주민재(2022b). “‘디지털 네이티브’ 개념 재정립의 필요성 고찰:‘모바일 네이티브’ 개념과 특성을 중심으로”. 《한국문예비평연구》, 75, 213~253쪽.
주민재(2023). “생성 인공지능의 출현과 글쓰기 교육의 관계에 대한 고찰”. 《한국문예비평연구》, 79, 243~272쪽.
주민재(2025). “생성형 인공지능과 인간의 글쓰기 작동 원리 비교 분석: 디지털 리터러시 전환기에서 쓰기 교육의 이론적 재구성 모색”. 《리터러시 연구》, 16(3), 39~72쪽.
Holmes, W. et al.(2019/2020). *Artificial Intelligence in Education: Promises and Implications Teaching & Learning*. Center for Curriculum Redesign. 정제영·이선복 옮김(2020). 《인공지능 시대의 미래교육》. 박영story.
Floridi, L.(2010). *Information: A very short introduction*. Oxford University Press. 석기용 옮김(2022). 《정보철학 입문》. 필로소픽.
Herman, D.(2022.12.9). The End of High-School English. The Atlantic. https://www.theatlantic.com/technology/archive/2022/12/openai-chatgpt-writing-high-school-english-essay/672412/

04
AI와 인간의 협력적 글쓰기

AI는 인간을 대체하는 작가가 아니라, 인간이 더 나은 글을 쓰기 위해 협업하는 동료로 인식해야 한다. 이러한 인식을 바탕으로 교수자는 학습자가 능동적 · 주도적으로 AI를 활용할 수 있도록 교육하면서도 그 한계를 분명히 인지하도록 유도하는 균형 잡힌 접근이 필요하다.

청각장애인과 AI?

동료로서의 AI

생성형 AI의 급속한 발전은 기존의 자동화 시스템이 수행하던 반복적, 기계적 작업을 넘어서 창의성과 판단을 필요로 하는 고차원적 작업 영역까지 확장되고 있다. 최근 자주 언급되는 '동료로서의 AI(AI as Colleague)'라는 개념은 AI를 수동적인 보조 수단이 아닌 능동적 협력자로 재정의하려는 움직임으로 이해할 수 있다. 이제 AI를 인간의 '협력자' 또는 과업을 같이 수행하는 '동료'로 인식해야 한다는 것이다.

'동료로서의 AI' 개념은 단순히 AI를 특정 목적에 따라 '이용' 또는 '활용'하는 게 아니라 인간-AI 협업이라는 인식적 변화와 물리적 구조 전환에 기반을 두고 있다. 슈나이더만은 인간-AI 간의 협업을 위한 새로운 패러다임으로 '인간 중심 AI(Human-Centered AI)'를 제안한다(Shneiderman, 2020). 인간의 판단과 제어를 중심으로 하되 AI의 인지적 역량을 협력 요소로 적극 활용해야 한다는 것이다. 이러한 주장은 글쓰기를 비롯한 학문 연구, 디자인 설계와 같은 비정형적 작업에서 AI가 대량의 데이터를 분석하고 잠재적 아이디어를 제시함으로써 인간 협력자와 유사한 수준의 역할을 수행할 수 있다는 인식이 공고해지고 있음을 보여 준다. 인간 중심 AI가 이전보다 안정적이고(reliable), 안전하며(safe), 신뢰할 수 있는(trustworthy) 결과를 도출할 수 있다는 슈나이더만(Shneiderman, B.)의 주장이 이를 뒷받침한다. 단순히 '보조 도구'로 인식된 과거와 달리, AI를 작업 과정의 실질적 참여자나 인간과 동등한 지위의 협력자로 인식하고 그에 걸맞게 활용하는 게 더 좋은 결과를 이끌어낼 수 있다고 생각하는 경향이 강해진 것이다.

이러한 인식의 전환은 온라인과 오프라인의 경계가 무화되고 물질 세계의 모든 것들이 정보적으로 통합되는 '인포스피어(inforsphere)'가 '실재 세계'와 동의어가 될 것이라는 플로리디(Floridi, 2010/2022)의 관점과도 연결된다. 세계가 "인포스피어의 일부로서 점점 더 정보적으로 해석될 것이고 결국은 인포스피어가 세계 그 자체"가 된다는 플로리디의 주장은 인간과 정보 시스템이 상호작용하는 수준이 아니라 모든 것이 정보적으로 통합되는 새로운 존재론적 틀을 제시한다. 이는 추구하는 목적이나 결과에 따라 AI와 인간의 경계가 유동적으로 재조정될 수 있는 가능성에 대한 신뢰, 좀 더 자세히 말하면 인간과 기계는 '수평적 관계'와 상호작용을 기반으로 과업을 수행하는 '협력적 주체성(co-agency)'을 상정하는 것이다. 결국 '동료로서의 AI'는 단지 기술적 진보에 대한 수용이 아니라 인간의 작업 개념 및 과업 수행자의 정체성에 대한 재구성을 요구하는 개념으로 AI 시대의 지속 가능한 협업 생태계를 구축하기 위한 핵심 조건으로 이해해야 한다.

인간과 AI가 협업하는 글쓰기

생성형 AI의 등장으로 가능해진 글쓰기 중 하나는 AI와 인간이 협력하여 한 편의 글을 완성하는 방식이다. 과거에는 글쓰기의 모든 단계를 인간이 도맡았다면, 이제는 일부 단계를 AI가 수행하고 나머지는 인간이 보완하는 협업이 현실화되었다. 즉 'AI와의 공동 집필(Co-writing with AI)'(Reza et al., 2025), '동료로서의 AI'가 글쓰기에서도 구체적으로 적용되는 방식이 가능해졌다.

이러한 방식의 협력적 글쓰기를 잘 나타내는 개념이 'AI 샌드위치 워크플로(AI Sandwich workflow)'다. '샌드위치 워크플로'란 말 그대로 빵-패티-빵으로 이루어진 샌드위치처럼, 글쓰기 작업에서 인간-AI-인간의 순서로 역할을 분담하는 것을 의미한다. 먼저 인간이 글쓰기의 목표와 방향을 설정하고 프롬프트(prompt)를 AI에게 제공하는데, 이것이 샌드위치의 첫 번째 빵에 해당한다. 다음에는 AI가 프롬프트에 따라 실제 텍스트 생성 작업을 수행하여 초고를 구성하는데, 이것이 가운데 패티에 비유된다. 마지막으로 다시 인간이 AI가 제시한 초고의 형식과 내용을 비판적으로 검토한 후, 자신의 생각을 추가하여 수정 및 편집을 거쳐 글을 완성한다. 이는 샌드위치의 마지막 빵에 해당하며, 최종 산출물은 AI의 생성력과 인간의 판단력이 결합된 결과물이 된다(주민재, 2023).

AI와 인간의 협력적 글쓰기에서는 다양한 교육적 시사점을 찾을 수 있다. 가장 주목해야 할 부분은 AI 샌드위치 워크플로 과정이 인간의 창의성과 수행 및 결정 능력의 중요성을 부각시킨다는 점이다. AI가 방대한 지식에 기반하여 다양한 아이디어와 문장을 생성해 낼 수는 있지만, 이를 주체적으로 검토 및 검증하고 취사선택하여 발전시키는 것은 결국 인간 필자가 담당해야 할 몫이다. 따라서 AI와의 협업을 통한 글쓰기는 '창의적 능력이 오직 인간만이 가진 능력임을 증명'하는 또 하나의 방식이 된다. AI는 어디까지나 수정 가능한 출발점을 제공해 줄 뿐이며, 최종 글의 방향성과 완성도를 결정할 수 있는 주체는 인간 필자로 제한된다. 예를 들어 AI가 5개의 문단을 생성했다고 해도 글의 목적에 따라 3개의 단락으로 재구성할지 또는 추가 서술을 통해 새로운 단락을 덧붙여야 할지를 판단하는 것은 인간 필자가 수행해야 한다.

또한 AI는 글의 맥락을 완전히 이해하거나 창의적인 통찰을 발휘할 수 없으므로 생성된 문장들 사이의 빈틈을 메우며 논리적 연결도를 높이는 작업 역시 인간 필자의 몫이다. 이런 측면에서 AI와 협업하는 글쓰기는 오히려 글쓰기 교육에 창의적 편집 능력이라는, 교육해야 할 영역이 추가된 것으로도 이해할 수 있다. 학습자들은 AI가 만들어낸 초안을 단순히 받아 적는 것이 아니라, 비판적으로 검토하고 자신이 사고하며 추론한 결과들을 덧붙여 글을 전체적으로 재구성하는 훈련을 해야 한다. AI와의 협력적 글쓰기는 초고 작성(draft)과 수정(revision)이 회귀적으로 이루어지는 방식과 유사하지만, 타자에 의해 생성된 초고를 발전시키는 새로운 형태의 역량이 추가적으로 필요하기 때문이다.

AI와 인간 협업 글쓰기의 장점은 서로의 강점을 활용한다는 데 있다. AI는 짧은 시간에 방대한 지식을 참고하여 다양한 아이디어와 문장을 제시할 수 있으므로, 글감이 부족할 때 아이디어 생성을 촉진할 수 있는 기제로 유용하다(주민재, 2023b). 예를 들어 학습자가 글의 도입부를 어떻게 시작해야 할지 막막한 경우, AI를 통해 도입부 작성에 필요한 다양한 아이디어나 예시를 확보할 수 있다. 학습자는 제시된 아이디어나 예시를 참조하여 자신의 문체와 전개 방식으로 재구성하는 작업을 통해 수월하게 도입부 작성을 할 수도 있다. 반대로 자신이 작성한 초고에 어색한 부분이 있는 것으로 판단된다면, AI에게 복수의 대안들을 제시하도록 하여 구성을 달리하거나 문장 표현을 개선할 수도 있다. 인간과 AI의 상호작용 구조에서 인간 필자는 자신의 인지적 자원을 좀 더 중요한 내용 구상이나 논거 개발에 집중할 수 있고, AI는 언어적 표현이나 구조 제안 등의 아이디어나 수정 방안을 제시하는 방식으로 글쓰기의 전체적인 효율을 높일 수 있다(주민재, 2023b).

AI 샌드위치 워크플로의 단계와 의의

AI 샌드위치 워크플로는 AI 시대의 글쓰기 과정을 단계별로 이해하는 데 유용한 개념이다. 워크플로의 첫 단계인 프롬프트 작성(명령문 입력)에서는 필자가 글의 주제와 목적을 고려하여 AI에게 적절한 명령문을 작성하는 능력이 핵심을 이룬다. 이때 필자의 사전 지식, 배경 지식, 스키마(schema) 그리고 맥락을 인식하는 능력이 크게 작용하는 것은 물론, 질문의 수준과 구체성의 정도, 질문하는 방법에 따라서도 AI가 생성하는 초고의 수준이 좌우된다. 두 번째 단계에서는 AI가 인간이 작성한 프롬프트에 따라 관련 텍스트를 생성한다. 여기서 명확히 해야 할 것은 AI가 생성한 텍스트가 완성된 결과물이 아닌, 대략적인 스케치에 해당하는 초고 수준이라는 점을 인지하는 것이다. 따라서 학습자들은 AI 생성 초고에 대해 비판적인 시각으로 검토를 해야 하는 대상이자 글쓰기의 시작점을 원활하게 하는 자료로 활용해야 한다는 인식을 해야 한다. 세 번째 단계인 최종 편집에서 인간 필자는 AI가 생성한 텍스트를 면밀히 검토한 후, 활용할 부분과 그렇지 않은 부분을 구분하고 부족하다고 판단되면 자신의 사고와 언어로 직접 작성 및 추가하여 텍스트의 완성도를 높인다. 예를 들어 AI가 제시한 예시나 정보의 신뢰성을 다른 자료들을 활용하여 교차 점검하고, 논지 전개가 부적절하면 직접 수정하고 추가한다. 인간 필자가 '어떤 부분을 수정할 것인가, 어떤 방향으로 수정할 것인가'를 지속적으로 고민하며 텍스트를 완성하는 과정은 창의적 사고의 영역으로 이해되어야 한다. 결국 학습자들에게 AI 샌드위치 워크플로 수행은 AI를 편의성을 높이는 단순 도구가 아니라 창의적 협업자로 인식하는 경험으로 작용할 수 있다.

AI 샌드위치 워크플로를 도입한 글쓰기 교육은 다양한 측면에서 교육적 의의를 찾을 수 있다. 첫째, 학습자에게 새로운 글쓰기 전략에 대한 이해와 활용 능력을 갖출 수 있는 기회를 제공한다. 전통적으로 글쓰기 과정은 아이디어 도출부터 글의 완성까지 모든 단계를 필자가 수행해야 한다는 인식이 지배적이었다. 그러나 생성형 AI 시대에는 AI가 제안한 자료와 아이디어를 비판적으로 선별·재구성하여 더욱 발전된 내용으로 글을 구성하는 방법과 전략을 활용하는 능력을 기를 수 있다. 즉, AI 샌드위치 워크플로는 학습자들에게 글쓰기 과정에 대한 인식의 전환을 유도한다. 둘째, 글쓰기 과정에서 수행할 수 있는 협업의 개념이 확장된다. 기존에는 동료 학습자와의 협력 학습이 주를 이루었지만, AI를 협력자로 설정함으로써 협업의 대상과 방식이 다변화될 수 있다. AI 샌드위치 워크플로를 수행하면서 학습자들은 AI를 일종의 지적 협력자로 인식하고 글쓰기 과정에서 필요한 다양한 아이디어와 전략 등을 주고받는 상호작용을 통해 도출된 결과를 자신의 지식과 결합하여 재구성하는 경험과 훈련을 반복적으로 하게 된다. 이 과정에서 지적 변화는 지속적인 진행 과정을 통해 이루어지고 학습자 스스로 자신의 지식을 구성해 내는 구성주의 학습이 능동적으로 수행된다. 셋째, AI와 협력하여 글을 완성하는 과정에서 학습자의 자기효능감이 증진될 수 있다. 학습자는 AI가 제공하는 피드백과 제안을 통해 자신의 글이 빠르게 개선 및 발전되는 것을 반복적으로 경험하면서 글쓰기 능력이 향상될 수 있다는 자신감을 얻을 수 있다. 다만 교수자는 학습자들이 AI의 생성물과 자신의 사고와 물리적 노력을 통해 재구성한 결과물 사이의 경계를 명확히 인식하도록 유도해야 한다. 즉 '이번 글은 AI와 내가 함께 쓴 것이다'라는 점을 학습자 스스로 자각하게 하여, 향후 혼자 글을 쓸 때와 구분되는 경험임을 일깨워야 한다. 이러한 메타 인지적 인식이 없다면, 학습자들이 AI 활용 없이 글을 쓸 경우 더 큰 어려움을 느낄 수도 있기 때문이다.

AI 샌드위치 워크플로는 AI 시대 글쓰기 교육의 새로운 패러다임이 될 수 있다. 이 개념이 전제하는 것은 어디까지나 인간이 글쓰기의 최종 결정권자이며 창의성의 원천이라는 사실이다. 그러므로 AI는 인간을 대체하는 작가가 아니라, 인간이 더 나은 글을 쓰기 위해 협업하는 동료로 인식해야 한다. 이러한 인식을 바탕으로 교수자는 학습자가 능동적 · 주도적으로 AI를 활용할 수 있도록 교육하면서도 그 한계를 분명히 인지하도록 유도하는 균형 잡힌 접근이 필요하다.

참고문헌

김영원(2023.2.25). “챗GPT와 대결말고 공존하라… 샌드위치 방법론”. The Miilk. https://www.themiilk.com/articles/a56af2a1a

정희모(2006). 《글쓰기 교육과 협력학습》. 삼인.

주민재(2023). “생성 인공지능의 출현과 글쓰기 교육의 관계에 대한 고찰”. 《한국문예비평연구》, 79, 243~272쪽.

주민재(2023b). “생성형 인공지능 시대의 글쓰기 교육 방향 모색 – ‘쓰기 전 단계’에서 ChatGPT 활용에 대한 대학 학습자의 효용성 인식 분석을 중심으로”, ≪돈암어문학≫, 44, 71~103쪽.

주민재(2025). “생성형 인공지능과 인간의 글쓰기 작동 원리 비교 분석: 디지털 리터러시 전환기에서 쓰기 교육의 이론적 재구성 모색”. 《리터러시 연구》, 16(3), 39~72쪽.

Floridi, L.(2010). *Information: A very short introduction.* Oxford University Press. 석기용 옮김(2022). 《정보철학 입문》. 필로소픽.

Reza, M. et al.(2025). Co-Writing with AI, on Human Terms: Aligning Research with User Demands Across the Writing Process. arXiv. https://arxiv.org/abs/2504.12488

Shneiderman, B.(2020). Human-Centered Artificial Intelligence: Reliable, Safe & Trustworthy. arXiv. https://arxiv.org/abs/2002.04087

05
프롬프트 작성과 배경 지식의 관계

프롬프트 작성은 단순한 기술이 아니라 사용자의 사전 지식과 맥락 이해를 반영한 고도의 명령 체계이며, 이러한 체계는 AI의 응답을 비판적으로 수용하고 재구성할 수 있는 기반을 마련한다. 또한 효과적인 프롬프트 교육은 맥락 기반 훈련, 비판적 검토 및 재프롬프트 훈련, 성찰 활동을 통해 학습자의 비판적 사고력과 자기주도적 학습 역량을 강화할 수 있다.

AI 콘텐츠 크리에이터?

효과적인 프롬프트 작성의 요건

프롬프트(prompt)란 AI 모델에게 입력한 텍스트로 구체적으로는 명령, 지시 사항, 요청 등을 가리키며, 프롬프팅(prompting)은 프롬프트를 활용하여 AI와 상호작용하는 전체 과정을 말한다. 흔히 질문과 프롬프팅은 유사한 의미로 쓰이지만 의미상의 차이가 있다. 인간의 질문이 주로 대화적 맥락에서 사용되고 타인의 반응을 매개로 사고를 심화시키는 기능을 수행한다면, 프롬프트는 AI에 명령을 효과적으로 하기 위한 구조화된 입력이다. 즉, 질문은 대화, 토론, 성찰 등 다양한 상황에서 타인이나 자기 자신과의 상호작용을 통해 다층적 맥락을 형성한다는 점에서 비선형적 사고 흐름을 따라 전개되는 인간의 고유한 행위다. 반면, 프롬프트는 AI 모델이 최적화된 출력을 할 수 있도록 구조화된 명령 체계다(주민재, 2025). 사용자가 어떤 프롬프트를 입력하느냐에 따라 AI가 생성하는 결과물이 결정되기 때문에, 프롬프트 작성은 생성형 AI 활용의 출발점이자 핵심 기술로 평가된다. 프롬프트는 사용자의 지식과 사고력이 반영된 고도의 명령 체계이므로, 무엇을 어떻게 명령하는지는 사용자가 이미 습득하고 내면화한 사전 지식과 주제와 관련된 배경 지식 그리고 맥락 이해 수준에 직접적인 영향을 받는다. 예를 들어 해당 주제에 대한 배경 지식이 풍부한 사람은 구체적이고 핵심을 찌르는 명령이 가능하지만, 배경 지식이 부족한 사람은 피상적이고 모호한 명령만 할 가능성이 높다. 예를 들어 어떤 개념에 대해 잘 모르는 사람이 "~에 대해 설명해 줘"와 같이 간단하지만 의도가 막연하게 명령하면, AI는 개론 수준의 응답만 생성한다. 구체화된 명령이 없기 때문인데, 사용자가 '자신이 무엇을 모르는지' 인지하지 못한 상태에서 명령을 하기 때문이다.

읽기나 쓰기에서는 사전 지식과 배경 지식의 양과 질이 텍스트의 이해와 생성에 중대한 영향을 미친다. 학습자가 특정 주제나 문제 상황을 이해하는 데 직접적으로 작용하는 주제 관련 지식, 즉 배경 지식이 풍부할 때, 새로운 정보를 자신의 기존 지식 구조인 스키마에 연결하여 의미를 더 잘 구성할 수 있다. 반대로 배경 지식이 부족하면, 해당 주제에 대해 AI가 어떤 답을 주더라도 그것을 온전히 이해하거나 비판적으로 평가하기 어렵다.

프롬프트 작성에도 동일하게 적용된다. 앞서 언급한 것처럼 프롬프트는 구조화된 명령 체계이므로, 쓰기 목적, 예상 독자, 장르, 담화 상황 등 다층적인 맥락을 고려하여 설계되어야 한다. 이러한 맥락 요소들을 반영하려면 필자가 주제에 대한 기본 개념과 해당 맥락의 관습(예를 들어 학술 논문 장르의 관례 등)에 익숙해야 한다. 결국 사전 지식과 배경 지식이 탄탄한 사람일수록 AI에게 구체적이고 유의미한 프롬프트를 입력할 수 있고, 그에 따라 좀 더 정확하고 깊이 있는 응답을 얻을 가능성이 높아진다. 따라서 글쓰기 교육에서는 학습자들이 주제에 대한 사전 학습을 충분히 수행한 후, AI를 활용하도록 지도해야 한다. 특정 주제로 글을 쓰기 전에 주제와 관련된 자료 조사를 통해 개념은 물론, 배경과 관련 맥락들을 숙지하게 한 뒤, AI에게 추가적인 아이디어를 물어보게 하는 식이다. 이런 과정을 체계적으로 수행하면 학습자들은 AI의 응답을 그냥 받아쓰지 않고, 자신의 지식 틀 안에서 비판적으로 수용할 수 있는 인식 체계를 갖출 수 있다.

프롬프트 작성을 통한 새로운 학습 전략

앞서 프롬프트는 'AI에 명령을 효과적으로 하기 위한 구조화된 입력'으로 규정했다. 그렇다면 프롬프트 엔지니어링(prompt engineering)은 무엇인가. 프롬프트 엔지니어링은 AI의 출력 결과를 최적화하기 위해 구조적으로 설계된 기술적 입력 전략이다. 간단히 말하면 원하는 결과를 얻기 위해 프롬프트를 체계적으로 잘 작성하는 능력이다. 이전에는 주로 AI 기술자, AI 서비스 개발자에게 필요한 능력이었으나 생성형 AI가 등장하면서 모든 사용자가 갖추어야 할 역량으로 재규정되었다. 최근 프롬프트 엔지니어링은 단순한 기술적 능력을 넘어 새로운 학습 전략으로 주목받고 있다. 프롬프트를 고민하는 과정 자체가 곧 문제를 분석하고 구조화하는 사고 과정이기 때문이다. 학습자가 막연한 아이디어를 가지고 있을 때, 그것을 AI에게 효과적으로 명령하는 방법을 고민하는 과정에서 자신의 생각을 정리하게 된다. 예를 들어 '이 주제에서 어떤 점이 알고 싶은가? 무엇이 가장 중요한 쟁점인가?'를 자문하며 프롬프트를 구체화하는 과정은 이미 학습 과정의 일부로 볼 수 있다. 생성형 AI가 등장하면서 '어떻게 질문할 것인가'가 문제 해결 능력의 새로운 척도가 될 수 있다는 의견들도 이런 맥락에서 도출된 것이다. 단순히 암기한 지식을 재현하는 것이 아니라, 적절하면서도 구체화된 명령문을 입력하여 AI가 제공한 정보를 해석하고 적확하게 활용하는 능력이 중요해진 것이다.

글쓰기 교육에서 프롬프트 활용 전략은 다양하게 응용될 수 있다. 예를 들어 글쓰기의 '쓰기 전(pre-writing)' 단계에서 학습자가 AI 모델을 활용하여 아이디어를 도출하고 주제 정교화를 위해 프롬프트 작성 활동을 도입할 수 있다. 대학생들이 연구 보고서 주제를 설정하는 과정에서 ChatGPT를 활용한 사례를 분석한 최근 연구(주민재, 2023b)에서는 대부분의 학생들이 ChatGPT를 통해 주제 선정에 필요한 아이디어와 자료를 신속하고 효과적으로 확보함으로써 시간과 노력을 절약했다고 응답했다. 특히 발상과 주제 구체화 측면에서 AI 활용이 효과적이라는 긍정적 평가가 다수였는데, 이러한 결과는 학습자가 수행한 주제 탐색 과정의 효율성이 높아졌음을 의미한다. 다만 모든 학생들이 AI 활용을 긍정적으로 평가한 것은 아니다. 사례 연구에 참여한 학생들 중 거의 절반이 ChatGPT가 창의적인 주제 발굴에 도움이 되었다고 답한 반면, 나머지 학생들 중 상당수는 별로 기여한 바가 없다고 평가했다. 또한 일부 학생들은 AI가 제공하는 아이디어의 범위가 넓기는 하지만 대체로 평이해서 오히려 필자의 창의성을 제한할 수 있다고 느꼈다고 말했지만, 자신이 미처 생각지 못한 방향을 AI가 제시해 주어서 창의적 발상에 자극이 되었다고 답한 학생들도 적지 않았다. 이러한 엇갈린 반응은 AI를 활용한 글쓰기 교육에서 프롬프트 작성의 학습 효과는 학습자가 어떻게 프롬프트를 구성하고 활용하는가와 연관성이 높다는 점을 시사한다. 즉, 단순히 AI에게 떠넘기듯 질문하는 경우와 자신의 문제의식을 담아 프롬프트를 정교화하는 경우는 학습 결과에서 큰 차이가 발생할 수 있다는 것이다.

따라서 학습자들에게 효과적인 프롬프트 작성법을 가르치는 것은 곧 비판적 사고력을 향상시킬 수 있는 교수 학습 방법이자 자기주도적 학습 역량을 갖추는 데 효과적인 훈련이 될 수 있다. 관련 교육 방안으로는 크게 세 가지 방법을 제시할 수 있다. 첫째, 맥락 기반 프롬프트 훈련이다. 학습자가 글쓰기 과제의 목적과 예상 독자, 장르적 특징 등을 충분히 고려하여 적합한 프롬프트를 작성하는 연습을 하는 것이다. 같은 내용이라도 "학술 논문 서론 형식"에 맞춰 질문하기, "블로그 기사 형식"에 맞춰 질문하기 등을 연습하면서 맥락에 맞는 프롬프트 설계 능력을 키울 수 있다. 둘째, 프롬프트 결과에 대한 비판적 검토 및 재프롬프트 훈련이다. 학습자가 AI가 제공한 1차 응답의 논리성과 근거의 신뢰성을 평가해 보는 시간을 갖고, 그 평가를 토대로 프롬프트를 수정하거나 후속 프롬프트를 작성하게 한다. 학습자들은 AI의 응답을 수동적으로 받아들이지 않고 프롬프트를 최적화하는 과정에서 자신이 원하는 응답을 생성하도록 유도하는 능력과 비판적 독자의 태도를 기를 수 있다. 예를 들어

AI의 응답에서 특정 근거가 부족하다고 판단되면 "~에 대해 최근 발생한 ○○사건을 논평하는 관련 기사들의 핵심 논지를 구체적으로 분석한 결과를 바탕으로 좀 더 자세한 근거를 제공해 줘"와 같은 후속 명령문을 입력하는 식이다. 이런 연습을 반복하여 수행하면 학습자들은 목적과 의도에 부합하는 정교한 프롬프트를 생성할 수 있게 되면서, 좀 더 유용한 AI의 응답을 유도하고 이는 다시 더욱 심화된 명령으로 이어지는 선순환적 학습 경험을 할 수 있다. 셋째, 프롬프트 기록 및 성찰 활동이다. 학습자 자신이 입력한 프롬프트와 그에 대한 AI 응답들을 일종의 포트폴리오로 축적하면서, 자신의 사고 과정을 메타 인지적으로 분석하는 활동이다. 학습자는 어느 부분에서 자신의 프롬프트가 모호했는지, 어떤 형태의 프롬프트가 기대하는 응답을 이끌어냈는지 등을 분석하고 이 과정에서 자신의 인지적 편향이나 오류도 발견할 수 있게 된다. 이러한 성찰을 통해 학습자들은 자기 조절적 글쓰기 능력, 즉 스스로 생각을 점검하고 개선해 나가는 능력을 향상시킬 수 있다.

프롬프트를 잘 활용하는 능력은 AI 시대 글쓰기 교육에서 핵심 역량 중 하나로서 학습자 자신이 필요한 지식을 파악하고 적절히 요구하는 능력, 그리고 AI의 응답을 비판적으로 수용하여 재구성하는 능력을 포괄한다. 따라서 프롬프트는 '쓰기 주체의 사고가 개입된 의미 지시적 발화'로 이해되어야 하며, 프롬프트의 효과적인 활용에는 프롬프트를 비판적으로 해석하고 AI를 협력자로 이해하는 고차원적 문해력, 즉 '비판적 프롬프트 리터러시' 개념이 요구된다(김성우, 2024). 학습자에게 '비판적 프롬프트 리터러시' 능력을 향상시키기 위해서는 앞서 제시한 교수 학습 전략들을 기반으로 이론-실습-윤리가 통합된 프롬프트 교육 모형을 효과적으로 운영해야 한다. 프롬프트 작성 및 활용과 관련된 교육적 접근들은 학습자들이 AI를 학습 도구로 활용하여 창의적이면서도 비판적인 사고를 확장하도록 유도할 수 있는 효과적인 전략이 될 수 있다.

참고문헌

김성우(2024). 《인공지능은 나의 읽기-쓰기를 어떻게 바꿀까》. 유유.

서승완(2023). 《프롬프트 엔지니어링 교과서》. 애드앤미디어.

주민재(2023a). "생성 인공지능의 출현과 글쓰기 교육의 관계에 대한 고찰". 《한국문예비평연구》, 79, 243~272쪽.

주민재(2023b). "생성형 인공지능 시대의 글쓰기 교육 방향 모색: '쓰기 전 단계'에서 ChatGPT 활용에 대한 대학 학습자의 효용성 인식 분석을 중심으로". 《돈암어문학》, 44, 71~103쪽.

주민재(2025). “생성형 인공지능과 인간의 글쓰기 작동 원리 비교 분석: 디지털 리터러시 전환기에서 쓰기 교육의 이론적 재구성 모색”. 《리터러시 연구》, 16(3), 39~72쪽.

06
AI를 활용한 글쓰기의 단계별 과정

AI를 활용한 글쓰기에서는 기존에 통합적으로 수행되던 수정과 교정이 기술적 · 인지적 특성에 따라 분화되면서 'AI 중심의 문장 교정'과 '인간 필자 중심의 구조와 의미 수정'이라는 협력적 분업 체계가 형성된다.

AI와 민주주의?

아이디어 생성: 브레인스토밍과 자료 조사

글을 어떻게 시작해야 할지 실마리를 잡지 못하거나 방향을 결정하기 어려울 때 느끼는 심리적 불안과 스트레스, 즉 '빈 종이의 공포(blank page fear)'는 학습자에게 글쓰기에 대한 흥미와 자신감을 현저하게 떨어뜨릴 수 있다. 특히 연구 보고서와 같은 학술적 글쓰기에 익숙하지 않은 대학 신입생들은 누구나 겪게 되는 일일 것이다. 이러한 현상을 반복적으로 경험하는 학습자 중 일부는 글쓰기 전 과정에 걸쳐 쓰기 수행이 어려운, 이른바 쓰기 장애(writer's block)에 빠질 가능성도 있다(Rose, 1984).

학습자가 쓰기 과정으로 원활하게 진입하는 능력을 갖추는 것은 쓰기 교육에서 특히 신경을 써야 하는 부분이다. '빈 종이의 공포'를 극복하기 위해 내용의 질에 신경 쓰지 않고 자유롭게 글을 쓰는 자유 서술(freewriting)이나 아이디어들을 시각적으로 정리하면서 전체적인 골격을 만드는 아우트라이닝(outlining) 등의 방법들이 있지만, 학습자의 성향과 능력에 따라 실질적인 효과를 거두지 못하는 경우도 적지 않다.

생성형 AI의 출현이 '빈 종이의 공포'를 완전히 없앴다고는 할 수 없지만, '쓰기의 시작'을 수월하게 진행할 수 있도록 돕는 역할을 수행하는 것은 분명하다. 예를 들어 특정한 주제로 글을 쓰고자 할 때, AI에게 "이 주제와 관련된 최신 이슈는 무엇인가요?" 또는 "○○에 대한 관점 5가지를 알려 줘"와 같은 프롬프트를 입력하면, 짧은 시간 안에 다양한 아이디어의 목록이나 배경 정보들을 확보할 수 있다. 즉, 어디서부터 어떻게 시작해야 할지 몰라 막막한 상황에서 학습자는 AI가 제시하는 아이디어나 개요의 도움을 받아 글의 주제와 전개 방향을 다각적으로 설정할 수 있는 기회를 가질 수 있고, 자신이 의도하는 내용으로 발전시킬 수 있다. 따라서 AI의 활용은 글쓰기에서 많은 사람들이 흔히 겪는 '빈 종이의 공포'를 실질적으로 완화시킬 수 있는 방법이라고 할 수 있다.

대학생들이 글쓰기 과제의 주제를 선정하는 데 ChatGPT를 활용한 사례 연구(주민재, 2023)는 글쓰기의 쓰기 전 단계(pre-writing)에서 생성형 AI 활용의 유용성을 보여 준다. 연구에 따르면 거의 모든 연구 참여자들은 ChatGPT가 제시한 글의 주제와 관련성이 높은 자료나 예비 주제들이 기존에 수행했던 자료 조사나 검색 등으로는 찾아내거나 생성하기 어려웠던 아이디어들을 확보함으로써 주제와 관련된 시각이 확대되는 경험을 했다고 답했다. 대학 학습자들이 학술적 글쓰기에서 가장 어려워하는 부분 중의 하나가 '주제 설정과 정교화'

다. 아무것도 없는 상태에서 문제의식을 형성하고 관련된 아이디어를 도출하여 글의 주제를 구체화하는 과정은 사실 매우 힘든 작업이므로, '빈 종이의 공포'를 겪는 것은 결코 무리가 아니다. AI를 아이디어 촉매제로 활용하면 아이디어 생성과 주제 구체화, 목차 설정 등 쓰기 전 단계에서 학습자들이 주제 정교화에 도움이 되는 폭넓은 선택지를 확보하기에 용이하므로, 이후 쓰기 과정을 원활하게 수행할 수 있다.

아이디어 생성 단계에서 AI를 활용할 때 유의할 점도 적지 않다. 첫째, AI가 제공한 아이디어나 관련 자료에 대해서는 항상 비판적 관점을 유지해야 한다. AI가 제시하는 아이디어나 정보들은 종종 사실과 다른 내용이나 편향된 시각이 섞여 있을 수 있으므로 반드시 다른 경로로 확보한 자료들을 활용하여 교차 검증과 추가 조사를 수행해야 한다. 둘째, 아이디어를 통한 주제 정교화 과정에서 학습자 자신의 관심과 문제의식을 반영해야 한다. AI가 제공한 아이디어를 그대로 활용하는 것이 아니라 학습자가 흥미를 느끼거나 중요하다고 판단하는 것들을 신중히 선택하여 자신의 시각과 견해를 바탕으로 발전시켜야 한다. 모든 것을 AI에게 맡길 경우, 주제에 대한 깊이 있는 이해나 통찰을 기대하기 힘들고, 실제 글쓰기 과정을 원활하게 수행하기 어려울 수도 있다. 따라서 교수자는 학습자가 AI에게 제공받은 아이디어나 관련 자료에서 '이 아이디어를 선택한 이유는 무엇인가', '이 주제로 무엇을 말하고 싶은가'와 같은 질문을 통해 학습자가 스스로 자기 검증과 성찰을 하도록 유도해야 한다. 좀 더 자세히 말하면 학습자 자신이 선택한 아이디어에 대해 다른 자료들을 활용하여 충분히 검증해야 하고, 왜 이 아이디어를 선택하게 되었는지를 스스로에게 되묻는 것이 필수적인 과정임을 명백하게 인식시켜야 한다. AI가 제공한 아이디어나 주제가 객관적 사실에 기반을 두고 있는지, 특정한 관점에 치우쳐 있지는 않은지 그리고 자신의 선택이 어떤 편견에 의해 이루어진 것은 아닌지와 같은 물음들을 통해 아이디어나 주제를 검증하고 성찰하는 과정을 반드시 수행하도록 교육해야 한다. 이러한 과정을 수행함으로써 학습자는 AI 활용이 결코 '공짜'가 아니라는 점, 즉 쓰기 과정 전체를 자신이 주도해야 하고 AI에게 제공받은 정보들은 직접 검증과 성찰의 과정을 거쳐야만 글쓰기가 제대로 수행될 수 있다는 사실을 이해할 수 있으며 글쓰기의 주도권을 잃지 않는 법을 학습하는 효과를 거둘 수 있다.

초고 작성: AI와 함께 쓰기

초고 작성에서도 AI 활용이 가능하다. 먼저 학습자가 특정 주제를 기반으로 글의 전체 구조를 만들려고 할 때, AI를 활용하여 서론-본론-결론 형태의 개요를 제안받아 발전시키는 방법을 생각해 볼 수 있다. 학습자는 AI가 제안한 글의 개요가 논리적으로 타당한지, 누락된 부분은 없는지 등을 판단하고 부족한 부분을 보완하거나 불필요한 부분은 제외하면서 주제에 관한 자신의 의도와 견해에 의견을 반영하여 글의 구조를 구체화할 수 있다. 이러한 작업은 학습자들이 논리적 구성 능력을 기르는 데도 도움이 된다. AI의 산출물을 비판적으로 분석하고 수정하는 과정에서 좋은 글의 구조란 무엇인지 구체적으로 이해할 수 있기 때문이다.

학습자들이 쓰기 과정에서 자주 겪는 문장 표현의 적절성과 어휘의 정확성 판단에도 AI를 활용할 수 있다. 글을 쓰는 과정에서 학습자가 문장 표현과 어휘 활용에 관해 어려움을 겪을 때마다 교수자의 도움이나 피드백을 요청하기는 현실적으로 어렵다. 문법적으로 맞는 문장인지 적절한 어휘를 사용한 것인지와 같은 문법 · 어법에 관련된 문제는 인터넷 사전을 활용하는 것이 일반적이지만, 자신이 원하는 정보를 얻거나 의문과 관련된 내용을 정확히 확인하기는 쉽지 않은 경우가 많다. 인터넷 사전 등에서 모든 용례나 사례를 찾을 수는 없기 때문이다. 하지만 AI는 학습자가 원하는 정보나 피드백을 즉각적으로 제공할 수 있다. AI는 학습자가 어려워하거나 의문을 갖는 부분에 대한 맞춤 정보를 제공하기 때문에 올바른 문장 표현이나 적절한 어휘 사용이 원활해지므로 초고 작성에 실질적인 도움을 제공한다. 학습자가 필요로 하는 내용에 대해 AI가 제공하는 구체적인 예시나 용례 등을 참고하거나 학습을 통해 더 나은 표현으로 수정하고 자신의 견해를 덧붙여 보완함으로써 문장과 어휘의 정확성을 높이는 것은 AI를 활용한 효과적인 학습 전략이 될 수 있다. 이는 학습자가 글쓰기 교재의 예시 문장들을 변형하며 쓰기 연습을 하는 것과 비슷한 원리다.

초고 작성에서 AI와 협업할 때 가장 중요한 것은 학습자가 쓰기 과정 전반에 걸쳐 필자로서의 주도권을 유지하는 것이다(Shneiderman, 2020; Reza et al., 2025). AI가 생성한 문장을 그대로 붙여넣기만 한다면 학습 효과나 필자의 창의적 사고와 통찰을 기대할 수 없는 것은 물론, 쓰기 윤리적인 측면에서도 문제가 발생할 수 있다. 따라서 학습자는 AI가 제공하는 예시나 자료를 토대로 '이 글을 통해 말하고자 하는 바는 무엇인가'와 같은 질문들을 활용하여 내부적 검토와 성찰을 수행하면서 주제 설정 단계에서 구축한 관점과 의도 그리고 자신만의 개성을 글에 충분히 반영해야 한다. 또한 AI가 제공하는 세부적인 사실이나 사례들은 다른 자료들과의 교차 검증을 통해 신뢰성을 확보하는 것도 필자로서 주도권을 유지할 수 있는 방식인 동시에 글의 신뢰성을 높이는 효과적인 방법이 될 수 있다는 점을 인식해야 한다. 그러므로 교수자는 글쓰기에서 AI를 활용하는 경우, 검토와 교차 검증 등에 더 많은 시간과 노력 그리고 때에 따라서는 타인과의 토론까지 수행할 필요가 있다는 점을 학습자가 분명히 인식할 수 있도록 교육해야 한다.

AI가 제공한 자료에 대한 교차 검증에는 검증을 수행하는 원칙인 증거 기준(evidence standards)이 필요하다. 어떤 자료를 신뢰 가능한 증거로 채택할 것인가와 교차 검증을 하는 구체적인 방법에 대한 분명한 기준이 마련되어야 한다. 증거를 채택하는 기준이 분명할수록 의미 구성의 정합성 역시 높은 수준에서 확보될 수 있다.

AI를 활용한 글쓰기에서 증거 기준과 함께 요구되는 것은 설명 절차(explanatory procedure)다. 쓰기를 통한 의미 구성이 어떠한 절차에 의해 이루어졌는지에 대한 구체적인 설명이 필요하다. 즉, AI가 제공한 자료들에서 특정한 자료들을 선택 · 배제한 이유는 무엇이고 이 과정에서 판단되거나 예측될 수 있는 가정과 한계를 명시해야 한다.

증거 기준과 설명 절차는 AI 활용 글쓰기에서 필수적인 부분이다. 증거 기준을 제시함으로써 의미 구성의 정합성이 확보됨으로써 독자는 텍스트를 좀 더 쉽게 이해할 수 있고, 설명 절차를 통해 AI를 활용한 쓰기 과정과 생산된 텍스트의 타당성을 확보할 수 있다.

고쳐 쓰기: 수정과 교정 주체의 이중화

일반적으로 전통적 글쓰기에서 수정(revising)과 교정(editing)은 연속적인 과정으로 통합되어 수행된다. 플라워와 헤이즈의 인지적 쓰기 과정 모형에 따르면, 글쓰기는 계획하기(planning), 작성하기(translating), 검토하기(reviewing)라는 세 가지 과정이 전체적으로 조정하기(monitor)와의 상호작용을 통해 이루어지는 순환적 활동이다(Flower & Hayes, 1981). 이 중에서 검토하기(reviewing)는 의미적 내용과 언어적 형식을 구분하지 않고 동시에 수행된다. 즉, 필자는 자신이 쓴 글에서 내용의 논리적 일관성을 점검하는 동시에 문법적 오류를 바로잡는 평가(evaluating)와 수정(revising)을 동시에 수행한다. 의미적 결정을 내리는 동시에 문장의 어법을 조정하는 통합적 사고와 행위가 이루어지는 것이다(Fitzgerald, 1987). 전통적 글쓰기에서 글의 내용과 구조 전반을 검토하고 재구성하는 수정(revising)과 문장과 어휘 수준에서 어법과 표현을 다듬는 교정(editing)이 통합적으로 수행되는 이유는 글의 의미 구성과 언어적 표현이 하나의 인지적 작업으로 긴밀히 얽혀 있기 때문이다.

하지만 AI를 활용한 글쓰기에서는 수정과 교정이 분화된다. 대규모 언어 모델(LLM)을 기반으로 한 AI는 방대한 텍스트 데이터를 학습하여 표면적 언어 패턴을 예측하고, 문법적 정확성, 문장의 명료성, 맥락에 부합하는 어휘 선택, 맞춤법 등 표층적 교정 작업에서 뛰어난 성능을 발휘한다. 최근 연구들에 따르면 Grammarly나 ChatGPT 같은 AI 도구가 오탈자를 바로잡거나 문장의 명료성을 높이는 데 매우 효과적이다. 반복적이고 기계적으로 수행하던 작업이 자동화됨으로써 이전까지 필자가 담당하던 표층적 수준의 교정을 상당 부분 AI로 대체할 수 있게 되었다(Tran, 2025; Kim et al., 2024).

하지만 내용의 논리 구조나 전개 방식을 변형 또는 재구성하는 수정(revising)은 여전히 인간 필자가 주도적으로 수행해야 한다. AI가 문장을 문법적으로 거의 완벽하게 다듬을 수는 있지만, 글의 주제와 논리 구조를 심층적으로 이해하고 이를 비판적으로 재구성하는 능력은 여전히 제한적이기 때문이다(Baron, 2024; Tran, 2025). 즉, AI는 글 전체에서 강조해야 할 핵심 주장이나 독자에게 설득력 있게 전달해야 할 논점 간의 관계를 맥락적으로 파악하는 수준에는 아직 도달하지 못했다. 예를 들어 논증적 글쓰기에서 새로운 근거를 도입하거나 기존 주장과 반론의 균형을 조정해야 하는 상황에서 AI는 필자의 의도나 담론적 목적을 정확히 반영하지 못하고, 단순히 기존 문장을 다른 표현으로 변형하는 데 그칠 가능성이 높다. 이러한 한계 때문에 의미와 구조의 본질적 재설계가 필요한 수정은 인간의 판단과 비판적 사고를 기반으로 수행되어야 한다.

AI 활용 글쓰기에서 고쳐 쓰기는 전통적 글쓰기와 달리 문장과 어휘 등 표현 수준의 교정과 글 전체 구조나 의미를 고치거나 보완하는 수정을 분리하여 수행해야 한다. AI가 문장의 정확성, 적절한 어휘 선택 등 표층적 수준의 교정에 최적화되어 있는 반면, 인간 필자는 글의 주제, 논리적 조직, 개념적 타당성을 강화하는 심층적 수준의 수정을 담당하기 때문이다. 이러한 역할의 분화는 AI 기술의 본질적 특성에서 비롯된다. 앞서 살펴본 것처럼 AI는 통계적 패턴 인식에 기반해 문장이나 어휘 등 글의 표층적 부분을 개선하는 데 강점을 가지지만, 맥락적 이해나 논리적 추론 그리고 의미의 비판적 재구성 등 글의 심층적 구조나 의미를 수정하기에는 근본적 제약이 존재한다. 따라서 AI를 활용한 글쓰기에서는 교정과 수정이 인지적 · 기술적 특성에 의해 분화되어 'AI 중심의 문장 교정'과 '인간 필자 중심의 구조와 의미 수정'이라는 협력적 분업 체계로 수행된다.

고쳐 쓰기 과정에서 또 하나 유의해야 할 점은 책임 구분을 명확히 하는 것이다. 즉, 쓰기 과정 및 최종 텍스트에서 인간과 AI가 수행한 역할과 기여한 부분에 대한 구분이 필요하다. 사용한 프롬프트가 무엇인지, AI의 제안에 대해 어떤 방식의 수용 또는 응용 과정을 거쳤는지에 관해 명시함으로써 책임의 영역을 분명히 하고 최종 텍스트를 검증할 수 있는 조건들을 갖추어야 한다.

참고문헌

박숙자(2024). "챗GPT와 대학 글쓰기: 학습자 중심의 AI 피드백-문장 첨삭을 중심으로". 《교양학 연구》, 27, 101~141쪽.

박혜림·이의연(2025). "AI 피드백을 활용한 디지털 글쓰기 프로그램의 효과 분석". 《사물인터넷융복합논문지》, 11(2),

15~22쪽.
오선경 외(2024). “생성형 AI를 활용한 외국인 학부생의 글쓰기 수정하기 수업 사례 연구”. 《리터러시 연구》, 15(5), 91~126쪽.
주민재(2023). “생성형 인공지능 시대의 글쓰기 교육 방향 모색: ‘쓰기 전 단계’에서 ChatGPT 활용에 대한 대학 학습자의 효용성 인식 분석을 중심으로”. 《돈암어문학》, 44, 71~103쪽.
Baron, R.(2024). AI editing: Are we there yet?. *Science Editor, 47*(3), pp.78~82.
Fitzgerald, J.(1987). Research on revision in writing. *Review of Educational Research, 57*(4), pp.481~506.
Flower, L. & Hayes, J. R.(1981). A cognitive process theory of writing. *College Composition and Communication, 32*(4), pp.365~387.
Kim, J. et al.(2024). Exploring students' perspectives on generative AI-assisted academic writing. *Education and Information Technologies, 30*(1), pp.1265~1300.
Reza, M. et al.(2025). Co-Writing with AI, on Human Terms: Aligning Research with User Demands Across the Writing Process. arXiv. https://arxiv.org/abs/2504.12488
Rose, M.(1984). *Writer's block: The cognitive dimension.* Southern Illinois University Press.
Shneiderman, B.(2020). Human-Centered Artificial Intelligence: Reliable, Safe & Trustworthy. arXiv. https://arxiv.org/abs/2002.04087
Tran, T.T.T.(2025). Enhancing EFL Writing Revision Practices: The Impact of AI- and Teacher-Generated Feedback and Their Sequences, *Education Sciences, 15(2)*, 232. https://doi.org/10.3390/educsci15020232

07
AI를 활용한 피드백과 자기주도적 학습

AI를 활용한 피드백은 글쓰기 교육에서 학습자 중심 패러다임을 한층 강화하는 촉매제가 될 수 있다. 즉각적이고 상세한 AI 피드백은 학습자의 글쓰기 능력 향상에 긍정적으로 기여할 뿐 아니라, 학습자가 자기 점검과 수정을 통해 쓰기 능력이 향상되는 과정을 직접 경험하게 함으로써 자기주도적 학습 역량을 함양하는 데도 기여하기 때문이다.

AI와 애니메이션?

AI 도구를 통한 실시간 피드백의 현실화

전통적으로 글쓰기에 대한 피드백은 주로 교수자나 동료의 검토를 거치는 방식으로 이루어졌다. 대면 또는 서면 피드백의 가장 큰 단점은 많은 시간과 노력이 투입되어야 한다는 데 있다. 따라서 대면과 서면 피드백의 경우, 시간적 지연으로 인해 학습자가 피드백을 시의적절하게 받기가 어려운 경우들이 발생하기 쉽다. 그간 국내에서 많은 교수자들이 시간과 노력의 투입을 최소화하면서도 효율적인 피드백을 수행할 수 있는 방안들에 관해 여러 측면에서 고려했지만 아쉽게도 괄목할 만한 성과들이 나오지는 않았다.

다른 교육 분야도 마찬가지이겠지만 AI의 일상적 활용은 획기적인 사건이다. 특히 AI 기반 챗봇은 글쓰기 교육에서 즉각적이면서도 맞춤형 피드백 제공을 가능하게 했다. GPT 계열의 생성형 AI는 학습자의 글을 실시간으로 분석하여 체계적이고 구체적인 조언 제공이 가능한 것은 물론, 글쓰기 능력 향상에도 실질적으로 기여할 수 있다. 최근 국내 연구에서는 GPT 기반 논증적 글쓰기 챗봇을 개발하여 대학 글쓰기 수업에 적용한 결과, 참여 학습자들의 상당수가 챗봇 피드백을 대면 피드백에 비해 좀 더 객관적이고 체계적이며, 제시한 피드백 내용이 수정에 실질적으로 도움이 된다고 인식하고 있었다(주민재, 2025). 이러한 학습자들의 피드백 경험과 반응은 AI 챗봇이 글의 개선점을 빠르게 진단하고 세부 항목별로 조언을 제공한 결과로 보인다.

특정한 목적의 글쓰기 피드백에 특화된 AI 챗봇은 훨씬 정교한 수준의 피드백이 가능하다. 연구 보고서와 같은 논증적 글쓰기에 특화된 AI 챗봇의 경우, 기존 연구 결과를 기반으로 내용 · 조직 · 표현 영역의 평가 준거들을 구체적으로 설정함으로써 근거가 충분한 피드백을 제공할 수 있다. 예를 들어 내용 영역에서는 주장 간 논리적 비약이나 근거 부족을 구체적으로 지적하거나 근거들의 보완이나 논리적 일관성을 강화할 수 있는 방안을 제안할 수 있다. 조직 영역에서는 서론-본론-결론 구조의 결함을 지적하고 글의 흐름을 조정하도록 지원하며, 표현 영역에서는 문법 오류나 부적절한 어휘 사용, 문장 간 연결의 문제 등을 명확히 지적하여 수정이 용이하도록 도움을 줄 수 있다. 이와 같이 특화된 피드백을 목적으로 설계된 AI 챗봇은 짧은 시간에 다각적이면서도 정교한 피드백을 제공함으로써 학습자들이 자신의 글을 신속하고 정교하게 개선할 수 있도록 지원한다. 즉, AI 챗봇은 피드백 대상의 글에서 발견되는 약점들을 구체적으로 지적

함으로써 학습자가 자신의 사고 과정에 내재된 비논리성을 명확히 인식하고 수정하도록 유도할 수 있다. 특히 학습자들은 챗봇 피드백의 신속성과 객관성 그리고 수정에 필요한 세부적인 정보 제공에 대해 높이 평가했다. 이러한 AI 챗봇 피드백의 특성들은 대면 피드백에서는 기대하기 어려운 것으로써 학습자들은 자기주도적으로 글을 점검하고 수정하는 데 긍정적인 기여를 한 것으로 인식했다. 또한 학습자들은 AI 챗봇 피드백이 교수자의 편견에서 자유롭고 피드백이 필요할 때마다 부담 없이 요청하여 글쓰기 과제를 자발적으로 점검·개선하는 반복 학습이 가능하다는 점을 높이 평가했다(주민재, 2025). 이러한 결과는 AI를 활용하여 문장 표현, 논리 구조 등 글의 질이 향상되면, 학습자는 즉각적인 성취감을 느끼면서 다음 수정 단계에도 적극적으로 임하게 되는 성향이 강화된 것으로도 추정이 가능하다.

대규모로 수행된 연구에서도 AI 피드백의 효과는 확인된다. 홍콩 소재 대학에서 영어 기초 과정을 수강하는 학습자 1102명을 대상으로 수행된 무작위 대조 실험 결과에 따르면, 에세이 작성 과정에서 ChatGPT가 제공한 피드백을 받은 실험군의 학습자들이 교수자의 피드백을 받은 대조군의 학습자들에 비해 에세이 점수가 통계적으로 유의미하게 향상되었다. 동시에 학습 동기 부여와 과제 참여도 역시 AI 피드백 그룹에서 크게 증가했는데, 이러한 결과는 즉각적이고 구체적인 피드백이 학습자에게 적극적인 태도를 유발하는 데 도움을 줄 수 있음을 보여 준다. 즉, AI를 통한 즉각적 피드백이 글쓰기 성과의 향상에만 머무르지 않고 학습자의 참여도 제고에도 긍정적 영향을 미칠 수 있다는 것이 확인된다(Lo et al., 2025). 위와 같은 연구 결과는 GPT 기반 AI 챗봇이 언제 어디서나 학습자에게 맞춤형 조력자로 작동함으로써 전통적인 피드백 환경의 한계를 보완하는 동시에 능동적인 글쓰기 학습을 가능하게 하는 수단으로 기능할 수 있음을 시사한다.

AI 피드백의 한계와 하이브리드 피드백의 활용

AI 챗봇의 도입이 피드백 환경을 혁신하고 있지만, AI 피드백의 한계 역시 뚜렷하다. 첫째, 맥락 이해 능력이 부족하다. GPT 기반 챗봇은 학습자가 글을 쓴 맥락이나 의도까지 완벽히 파악하기에는 한계가 있다. 즉, AI가 교수자와 같이 글의 주제나 필자의 배경 지식을 고려하여 피드백을 제공하기에는 아직 어렵기 때문이다. 둘째, 정서적 교감이 부족하다. 교수자는 피드백 과정에서 학습자에게 정서적 지지와 격려를 통해 긴장감을 낮추고 학습 의욕을 고취시킬 수 있지만, AI 챗봇은 피드백의 내용 측면에서는 객관적일지라도 학습자의 심리적 부담을 덜어주거나 동기를 부여하는 역할을 기대하기는 힘들다. 관련 연구에 따르면 학습자들의 일부는 AI 챗봇 피드백이 명확하고 실용적이지만 감정적 측면에서는 교감을 느끼기 어렵거나 교수자의 피드백에 비해 부족하다고 느낀 것으로 확인되었다(Lo et al., 2025). AI가 정확한 지적을 하더라도 교수자와의 상호작용에서 느끼는 공감을 완전히 대체하기는 어렵다고 볼 수 있다. 셋째, AI의 피드백 방식에 대한 한계다. 외즈첼릭과 엑쉬(Özçelik & Ekşi)의 사례 연구에 따르면 외국어로서의 영어(EFL) 학습자들은 ChatGPT를 활용하여 자신이 쓴 글을 수정하는 과정에서 챗봇이 수정 사항에 대해 충분한 이유를 제공하지 않는다고 인식했다(Özçelik & Ekşi, 2024). 즉, AI가 제안하는 수정에서 이유나 원리 등이 충분히 제공되지 않으면 학습자는 근본적인 문제가 무엇인지 이해하기가 힘들므로 피드백의 수용 여부를 결정하는 데 어려움을 겪을 수 있다. 이러한 측면을 고려할 때, AI 피드백은 쓰기 과정에 영향을 미치기보다는 결과 위주의 수정에 치우칠 가능성을 배제하기 어렵다. 넷째, 창의성 및 학습자 주도성을 저하시킬 수 있다. 보고서 주제 설정 과정에서 학습자들은 ChatGPT 활용이 아이디어 확장 및 시간 단축에는 유용하지만, ChatGPT가 제안한 자료들로 인해 자신의 창의성이 제한될 수 있다고 생각했다(주민재, 2023). 이러한 반응은 AI가 제공하는 아이디어에 과도하게 의존할 경우, 인간 필자의 비판적 사고력과 창의성이 위축될 수 있는 가능성에 대해 학습자들이 인지하고 있음을 의미한다.

이러한 한계들을 극복하기 위해 글쓰기 교육 현장에서는 AI 피드백과 교수자 피드백의 장점들을 결합하여 상호 보완적으로 활용하는 하이브리드 피드백(hybrid feedback) 전략 활용이 필요하다. 예를 들어 초고 쓰기에서는 AI 챗봇이 즉각적이고 구조화된 피드백을 제공하여 학습자가 자율적으로 수정할 방향을 설정하고, 이후 교수자가 해당 글의 맥락과 창의적 요소를 고려한 심화 피드백을 제공하는 상호 보완적 방식의 설계를 고려해 볼 수 있다. 하이브리드 피드백의 장점은 AI의 효율성과 교수자의 통찰력이 결합됨으로써 입체적 피드백이 가능해진다는 데 있다. 즉, AI의 즉각적 피드백을 교수자의 지도 및 학습자의 AI 활용 역량과 결합함으로써 피드백의 질을 높이고 AI 한계로 인한 부작용을 최소화할 수 있다.

하이브리드 피드백이 효과적으로 구현되기 위해서는 AI 활용에 대한 학습자 교육, 곧 AI 리터러시 함양이 중요하다. 5장에서 다룬 바와 같이 생성형 AI 시대에 필수적인 새로운 문해력으로서 AI에게 적절한 질문을 제시하고 AI 응답을 비판적으로 검토하는 '비판적 프롬프트 리터러시' 능력이 매우 중요해졌다. 학습자들은 AI 챗봇에게 피드백을 요청할 때도 구체적 범위를 제시하고 추가 설명을 요구하는 방식으로 프롬프트를 정교화하면 AI 피드백의 정확성과 유용성을 높일 수 있다. 프롬프트 설계 능력과 AI 생성 텍스트에 대한 비판적 사고를 기르는 교육이 병행될 때, 하이브리드 피드백 모델은 더욱 효과적으로 작동할 수 있을 것이다.

AI 활용을 통한 자기주도적 학습 강화

AI 피드백의 가장 큰 교육적 의의는 단순한 글쓰기 성과 향상을 넘어 학습자의 자기주도적 학습(self-directed learning) 역량을 강화한다는 점이다. AI는 글쓰기의 세부 항목별로 명확한 평가 기준과 개선 방향을 제시해줌으로써 학습자가 자신의 글 수준을 메타 인지적으로 성찰하도록 유도하는 효과가 있다. AI 피드백을 활용한 디지털 글쓰기 프로그램의 효과를 분석한 연구에 따르면, AI 피드백의 즉각성과 반복성이 학습자의 자기주도적 고쳐 쓰기의 기회를 확대하고 글쓰기 자기효능감을 상승시켰다(박혜림 · 이의연, 2025). AI가 즉각적인 피드백을 제공하면 학습자는 자신의 글을 곧바로 수정하고 다시 피드백을 받는 과정을 반복적으로 수행하면서 글의 완성도가 점차 높아지는 경험을 축적한다. 이러한 경험은 학습자가 글쓰기에 대한 자신감을 형성하는 데 기여한다. 즉, AI의 도움을 받는 과정 자체가 하나의 훈련 기회로 작동하며 학습자가 능동적인 글쓰기 전략을 습득하고 학습자의 학습 동기를 강화할 수 있다.

앞서 인용한 연구에서는 AI 피드백을 받은 학생들의 동기 부여와 과제 참여도가 크게 높아졌으며, 학습 동기의 부여가 쓰기 능력 향상에 핵심 요소로 작용했다(Lo et al., 2025). 즉각적으로 제공된 피드백을 기반으로 능동적으로 수정하여 자신이 쓴 글의 수준이 향상된 것을 확인함으로써 학습자들은 성취감을 느끼고 자발적으로 글쓰기를 수행하게 된다. 또한 AI 피드백은 자기주도적 학습의 핵심인 목표 설정과 계획 수립에 실제적인 도움을 줌으로써 학습자들은 과제 수행에 대한 책임감을 더욱 크게 인식하게 된다. 따라서 AI를 활용한 피드백은 글쓰기 교육에서 학습자 중심 패러다임을 한층 강화하는 촉매제가 될 수 있다. 앞으로의 글쓰기 수업은 AI 피드백과 교수자의 맥락적 지도, 그리고 학습자의 능동적 참여가 상호 연계된 방향으로 재구성되어야 한다. 이러한 변화는 결국 학습자가 스스로 사고하고 표현하는 힘을 키우는 글쓰기 교육으로의 발전으로 귀결될 것이다.

참고문헌

박숙자(2024). "챗GPT와 대학 글쓰기: 학습자 중심의 AI 피드백-문장 첨삭을 중심으로". 《교양학 연구》, 27, 101~141쪽.

박혜림·이의연(2025). "AI 피드백을 활용한 디지털 글쓰기 프로그램의 효과 분석". 《사물인터넷융복합논문지》, 11(2), 15~22쪽.

주민재(2023). "생성형 인공지능 시대의 글쓰기 교육 방향 모색: '쓰기 전 단계'에서 ChatGPT 활용에 대한 대학 학습자의 효용성 인식 분석을 중심으로". 《돈암어문학》, 44, 71~103쪽.

주민재(2025). "논증적 글쓰기 교육에서 AI 챗봇 피드백 활용과 학습자 수용 양상 연구: GPTs 기반 맞춤형 피드백 챗봇 개발 및 교육적 효과 분석을 중심으로". 《리터러시 연구》, 16(4), 209~254쪽.

Lo, N. et al.(2025). The impact of generative AI on essay revisions and student engagement. *Computers and Education Open, 9*, 100249. doi: https://doi.org/10.1016/j.caeo.2025.100249

Ozcelik, N. P. & Ẹkşi, G. Y.(2024). Cultivating writing skills: the role of ChatGPT as a learning assistant – a case study. *Smart Learning Environments, 11*(1), 10.

08
AI 글쓰기와 비판적 메타 인지

학습자들이 AI와 상호작용하면서 스스로 사고하고 쓰기 과정을 주도하는 방법, 즉 메타 인지 전략을 효과적으로 수행하는 방법을 학습해야 한다. 이러한 학습이 이루어져야 창의적 문제 해결력과 비판적 사고력의 신장을 기대할 수 있다.

AI와 인재 채용?

AI 생성 텍스트의 한계와 오류 인식의 중요성

생성형 AI는 인간이 작성한 것과 거의 유사한 수준으로 텍스트를 생성하는 것처럼 보이지만 쓰기 과정에서 발생하는 인간의 인지 과정까지 그대로 재현하는 것은 아니다. 인간의 글쓰기는 지식을 재구성하고 사고를 변형하는 과정을 거치지만, AI의 텍스트 생성은 확률에 기반한 통계적 패턴의 조합일 뿐이다. 실제로 대규모 언어 모델(LLM)은 과거에 학습한 모든 문장이나 문서에 활용된 단어들의 '순서대로 연결된 집합'인 문장, 구, 단락과 같은 단어 시퀀스(sequence) 전체를 참조하지 않는다(Kaplan, 2024). 따라서 LLM에 기반한 ChatGPT와 같은 생성형 AI는 입력 프롬프트에 따라 가장 그럴듯한 단어들의 조합을 예측할 뿐, 그 문장에 내재된 필자의 목적이나 통찰을 담지는 못한다(LLM은 자연어 처리를 위해 개발된 인공지능 모델이라면, AI는 인간과 유사한 지능적 과업 수행을 가능하게 만드는 기술 전체를 의미한다. 따라서 모든 LLM은 AI이지만, 모든 AI가 LLM은 아니므로 AI가 더 큰 개념이다). 그러므로 비고츠키(Vygotsky, L. S.), 베레이터와 스카다말리아(Bereiter & Scardamalia)와 같은 연구자들이 강조한 언어를 매개로 한 사고의 확장이나 지식 변형의 과정이 AI 글쓰기에서는 발생하지 않는다. 이러한 구조적 한계로 인해 AI가 생성한 문장들은 표면적으로 완성도가 높은 것처럼 보여도 내포된 맥락과 의도에 대한 이해가 부재하므로 내용의 깊이를 기대하기 어렵고 때로는 논리적 일관성이 떨어질 수도 있다.

생성형 AI 텍스트의 또 다른 문제는 사실적 정확성을 완벽하게 보장할 수 없는, '할루시네이션(hallucination, 환각)'에 있다. 할루시네이션은 AI가 생성한 텍스트에 사실과 다르거나 적어도 사실에 기반을 두지 않은 허위 정보나 부정확성을 일컫는 용어로서 실제로 그럴듯하게 보이는 문맥 속에 잘못된 정보가 섞여 나타나는 경우를 가리킨다[한 연구자는 할루시네이션을 "사실이나 증거에 기반하지 않은 인공지능 챗봇의 '자신 있는' 진술"로 규정하기도 한다(김성우 외, 2005: 155). 흥미로운 규정이라고 생각한다]. 예를 들어 ChatGPT와 같은 생성형 AI 모델은 존재하지 않는 사실을 마치 실제인 것처럼 서술하거나 출처를 확인할 수 없는 내용을 그럴듯하게 만들어 내기도 한다. 생성형 AI 기술이 발전을 거듭하면서 사실과 관련된 텍스트 생성에서는 할루시네이션이 감소하고 있는 것으로 알려졌다. 하지만 학습 데이터의 오류, 학습되지 않은 지식 그리고 실시간 검증이 불가능한 구조로 인해 할루시네이션은 최소화될 뿐, 완전히 소거하기는 어렵다는 것이 관련 학계의 중론이다. 그러므로 AI가 생성한 텍스트를 무비판적으로 신뢰하기는 어렵다. 특히 학술적 글쓰기나 사실 검증이 중요한 영역에서 AI 출력물에 대한 오류 확인은 필수적인 작업이다. [조금 다른 측면의 이야기지만, 할루시네이션을 부정적으로만 인식하려는 태도는 경계할 필요가 있다. 할루시네이션이 사실 기반 텍스트 생성에서는 오류로 간주되지만, 창의적 시나리오 생성이나 이야기 구성에서는 오히려 혁신적인 아이디어의 원천이 될 수 있다는 연구 결과들도 적지 않다. LLM의 할루시네이션을 '창의적 추론과 발산적 사고'의 단서로 활용하는 가능성을 제시하거나(Jiang et al., 2024), 고의적으로 유도된 할루시네이션이 상상력 기반의 스토리텔링이나 가상 시나리오 작성에서 필수적인 구성 요소가 될 수 있음을 밝힌(Pilcher & Tutuncu, 2025) 연구 결과들이 이를 뒷받침한다].

AI가 사회 문화적 맥락이나 수사적 의도를 완전하게 이해하지 못하는 문제에도 주의를 기울여야 한다. AI가 생성한 텍스트가 표면적으로는 적절해 보여도, 필자의 내면적 동기나 수사적 목적과 미묘하게 어긋나거나 맥락에 부합하지 않는 내용일 수 있다. 또한 특정 논점을 부각해야 하는 글에서 AI는 관련성은 있지만 핵심에서 벗어난 정보를 장황하게 늘어놓거나 설득이 필요한 맥락에서 부적절한 예시를 제공할 수도 있다. 따라서 AI를 글쓰기의 협력자로 활용하더라도, 인간 필자는 결과물을 비판적으로 검토하며 자신의 의도와 부합하지 않는 부분을 면밀히 검토하고 식별하는 과정을 게을리해서는 안 된다. AI가 생성한 텍스트를 그대로 수용하지 않고, 필요할 때 필자가 추가 질문을 제기하여 내용의 사실 여부를 확인하거나 재구성하는 과정을 거쳐야만 AI 활용 글쓰기가 의미 있는 결과로 이어질 수 있다.

AI가 생성한 텍스트의 한계에 대한 인식은 '언제나 그리고 신속하게' 명령을 수행하는 AI의 편리함 뒤에 가려진 오류와 맹점을 간파하는 것을 의미한다. 이는 AI 활용 글쓰기에서는 비판적 메타 인지 능력이 더욱 중요하다는 사실을 일깨운다. 필자는 글쓰기의 목표를 기준으로 AI가 생성한 텍스트를 지속적으로 점검하고, 자신의 사전 지식과 배경 지식을 활용하여 의미의 정확성, 맥락적 적합성, 사실적 정합성을 판단하고, 부적절한 부분을 수정하거나 추가 정보 탐색을 통해 보완하는 전략을 취해야 한다. AI 글쓰기의 효용과 한계를 균형 있게 이해하고 오류를 인지하는 능력은 디지털 시대 필자들에게 요구되는 AI 리터러시의 핵심적인 부분이다.

비판적 사고와 메타 인지 교육 전략

AI 출현으로 디지털 리터러시 전환이 가속화된 시기에 글쓰기 교육은 AI 도구 활용 능력과 함께 비판적 사고와 메타 인지적 역량 함양에 초점을 맞추어 재구성되어야 한다. 비판적 사고와 메타 인지 능력을 함양하기 위한 교육 방법으로는 메타 인지 전략의 체계적 통합이 적절하다. '계획(planning) - 점검(monitoring) - 조절(regulation)' (Flavell, 1979)의 단계에 따른 자기-질문 문항을 활용하는 방식 등을 통해 인지적 활동을 활성화하는 메타 인지적 학습은 학습자의 인지적 · 정의적 요소의 향상에 기여하고(노태희 외, 1998), 학습자가 학습 전략을 스스로 조절함으로써 자신의 사고 과정을 파악 및 분석하는 '자기 평가적(self-monitoring) 사고'(정유선, 2018)를 통해 학습 성과를 높일 수 있다(고광병, 2005; 이은주, 2010).

최근 연구 결과에 따르면 대학 글쓰기 수업에 자가 진단, 동료 평가와 성찰 일지 작성 등을 수행하면서 '계획, 점검, 조절'의 메타 인지 전략을 적용한 결과, 학습자들은 비판적 사고력, 자기 성찰 능력, 협력적 학습 태도에서 자기효능감이 증진된 것으로 인식했다. 특히 성찰 일지 작성하기는 학습자들이 자신의 쓰기 과정을 면밀히 검토하고 스스로 개선 방향을 도출하도록 유도함으로써 자기 조절 학습이 가능한 메타 인지 전략이 될 수 있다는 것이다(김윤경, 2024). 이러한 결과는 이론 강의와 그에 따른 실습이 주된 과정인 전통적인 글쓰기 교육에서 학습자 스스로 문제를 인식하고 해결책을 모색하도록 유도하는 교수 학습 설계로의 전환 가능성을 시사한다.

AI 도구를 실제 글쓰기 교육에 접목한 실증 연구들도 메타 인지 전략의 교육적 가치를 뒷받침한다. 최근 대학생들을 대상으로 (1)ChatGPT만 활용한 집단, (2)ChatGPT에 메타 인지 전략까지 병행한 집단, (3)AI 미활용 통제 집단으로 나누어 글쓰기 과제 수행 결과를 비교한 연구에 따르면, ChatGPT를 활용한 집단이 미활용 집단에 비해 과제 성취도와 자기주도학습 능력이 유의미하게 높았으며, ChatGPT와 메타 인지 전략을 함께 활용한 집단이 ChatGPT만 활용한 집단보다 과제 성취도가 높은 것으로 나타났다(나은창, 2024). 이러한 결과를 통해 AI가 제시한 정보를 비교 · 대조하고 조직화하면서 스스로 성찰하도록 유도하는 메타 인지 전략이 추가될 때 학습 효과를 극대화할 수 있다.

ChatGPT를 활용한 글쓰기 과제 성취도에서 메타 인지적 요인 중 '자기 평가'와 '확인 및 수정하기' 요인도 글쓰기 과제 성취도에 긍정적 영향을 준 것으로 확인되었다(나은창, 2024). 실험 결과는 ChatGPT의 활용이 학습자가 자신의 글에 대한 객관적이고 비판적인 평가를 강화하고, 제공받은 구체적인 정보가 문제 해결 방안을 모색 및 실천 과정에서 고도의 사고와 판단에 자극을 준 요인들로 해석하는 근거가 될 수 있다. 즉, 학습자들이 ChatGPT가 제공한 자료들을 단순히 수용하지 않고 다양한 경로로 검증하고 취사선택하는 과정에서 '자신의 사고 과정을 파악하는 자기 평가적 사고'가 작동한 것으로 해석해야 한다. 즉, ChatGPT의 활용이 학습자에게 객관적 평가와 비판적 사고를 촉진하는 일종의 매개체로 기능할 수 있다는 것이다.

외국 연구에서도 유사한 결과를 찾아볼 수 있다. 영어를 외국어로 배우는(EFL) 학습자들이 AI를 활용하여 단편 소설을 쓰는 과정에서 일부 학습자들은 AI의 답변이 자신의 기대와 상이한 경우, 프롬프트를 수정하거나 반성적 검토를 수행하는 태도는 학습자의 사고 점검과 조절에 해당하는 활동으로 해석될 수 있다(Woo et al., 2025). 대학원생들을 대상으로 ChatGPT 기반 학술적 글쓰기 과정을 분석한 질적 연구(Yao et al., 2025)에서는 학습자들이 AI를 활용할 때 계획, 모니터링, 평가, 정보

관리, 디버깅(debugging) 등 다섯 가지 측면에서 메타 인지 전략을 구사하는 것이 확인되었다. 이 중에서 '오류 탐지와 분석을 통해 프롬프트의 재설계 및 수정하는 행위'인 디버깅은 AI 활용 글쓰기에 특화된 메타 인지 활동으로 규정했다. 예를 들어 일부 학습자들은 ChatGPT의 예상치 못한 출력에 대해 추가 프롬프트를 조정하여 오류를 수정하거나 출력 형식을 재정렬하는 등 적극적으로 '디버깅'하면서 자신들이 설정한 글쓰기 목표에 맞는 결과를 도출하기 위해 노력했다. 즉, 디버깅은 AI와의 협력적 문제 해결(AI co-agency) 능력을 갖춘 창의적인 사용자의 핵심 요건이자 AI 활용 글쓰기에서 요구되는 중요한 메타 인지 역량인 것이다.

이와 같은 연구 결과들은 AI 활용 글쓰기 교육에서 메타 인지 교육의 중요성을 강조한다. 학습자들이 협력자인 AI에게 다층적인 도움을 받더라도 비판적 검토와 자기 조절을 통해 자기주도적으로 글쓰기를 수행해야만 최고의 성과를 기대할 수 있기 때문이다. 따라서 AI를 활용한 글쓰기 교육에서 학습자의 메타 인지 전략에 대한 지도와 훈련이 최대한 세분화되어 수행되어야 한다. 결국 학습자들이 AI와 상호작용하며 스스로 사고하고 쓰기 과정을 주도하는 방법, 즉 메타 인지 전략을 효과적으로 수행하는 방법을 학습해야 한다. 이러한 학습이 이루어져야 창의적 문제 해결력과 비판적 사고력의 신장을 기대할 수 있다.

참고문헌

고광병(2005). "초등학교 과학 수업에서 인지적 모니터링 학습전략이 학업성취도와 메타 인지에 미치는 효과". 한국교원대학교 박사학위논문.

김성우 외(2025). 《인공지능이 가르칠 수 있다는 착각》. 우리학교.

김윤경(2024). "대학글쓰기 강의 운영의 메타 인지 전략 연구". 《리터러시연구》, 15(6), 161~184쪽.

나은창(2024). "ChatGPT를 활용한 대학생의 글쓰기 학습에서 메타 인지 활용 전략이 글쓰기 과제 성취도와 자기주도학습 능력에 영향을 주는 차이 분석". 《교육연구》, 46(1), 193~213쪽.

노태희 외(1998). "초등학교 자연 수업에서 메타 인지 학습 전략의 효과". 《한국과학교육학회지》, 18(2), 173~182쪽.

이은주(2010). "메타 인지를 활용한 직접적 탐구 기능 수업 전략에 대한 연구". 이화여자대학교 박사학위논문.

정유선(2018). "대학생의 목표지향성, 메타 인지, 학습전략과 학업성취의 관계". 숙명여자대학교 박사학위논문.

Flavell, J. H.(1979). Metacognition and cognitive monitoring: A new area of cognitive-developmental inquiry. *American Psychologist, 34*(10), pp.906~911.

Jiang, X. et al.(2024). A Survey on Large Language Model Hallucination via a Creativity Perspective. arXiv. https://doi.org/10.48550/arXiv.2402.06647

Kaplan, J.(2024). *Generative Artificial Intelligence: What*

Everyone Needs to Know. Oxford University Press. 정미진 옮김(2024). 《생성형 AI는 어떤 미래를 만드는가》. 한스미디어.

Pilcher, K. & Tutuncu, E. K.(2025). Purposefully Induced Psychosis (PIP): Embracing Hallucination as Imagination in Large Language Models. arXiv. https://doi.org/10.48550/arXiv.2504.12012

Woo, D. J., et al.(2025). Exploring EFL students' prompt engineering in human–AI story writing: an activity theory perspective, *Interactive Learning Environments, 33*(1), pp.863~882.

Yao, Y. et al.(2025). A qualitative inquiry into metacognitive strategies of postgraduate students in employing ChatGPT for English academic writing. *European Journal of Education, 60*(1), e12824.

09
AI 글쓰기의 윤리적 문제와 학문적 책임

대학 글쓰기 교육이 담당하는 영역이 단지 쓰기 능력 향상에 그치지 않고 '학문 활동의 윤리와 책임 의식 강화'까지 확장되어야 한다는 점을 전제한다면, AI 활용이 전면화된 현재는 관련 교육의 중요성이 더욱 커졌다고 할 수 있다.

AI와 기자?

표절·저자성 개념과 AI 표절

AI를 글쓰기 교육에 활용할 때, 가장 현실적으로 부딪치는 문제 중의 하나는 학문적 윤리와 관련된 부분이다. 즉, 인간이 쓴 것과 유사한 수준의 텍스트를 쉽고 빠르게 생성하는 AI는 글쓰기의 윤리적 관습과 그에 따른 규범에 대한 재고의 필요성을 일깨운다. 글쓰기와 관련된 윤리적 규범에서 가장 큰 비중을 차지하는 것은 '표절(plagiarism)'과 '저자성(authorship)'일 것이다. 글쓰기에서 표절은 전통적으로 타인의 글을 직 · 간접적인 인용 표기 없이 무단으로 사용하는 행위로 간주되었다.

AI 출현 이후 대학 학습자들의 글쓰기 표절 양상이 달라지고 있다. AI가 생성한 텍스트를 자신이 쓴 글인 것처럼 제출하는 행위 그리고 AI 출력물이 기존 저작물과의 유사성이 높은 경우 등이 표절의 새로운 유형으로 등장했기 때문이다. 과거에는 원문과의 대조를 통해 표절 여부를 비교적 쉽게 확인할 수 있었으나, 학습 데이터를 기반으로 문장과 텍스트를 생성하는 AI를 활용하는 경우는 표절 여부를 판단하기 어렵다. 따라서 글쓰기에서 표절은 이전보다 더 중요한 문제로 부상할 가능성이 높다. 실제 'AI 표절(AIgiarism)'이라는 신조어까지 생겨났을 정도로(노대원 · 홍미선, 2023), AI를 활용한 표절은 더 이상 간과할 수 없는 윤리적 문제가 되었다. 이러한 우려는 단지 가능성이 아니라 현실로 확인되고 있다. 온라인 표절 검사 플랫폼인 턴잇인(Turnitin.com)의 AI 탐지 도구는 2023년 4월 이후 플랫폼에 제출된 2억 개의 논문 중 약 11%(2200만 개) 이상에서 내용의 20% 이상, 심지어 3%(600만 개)에서는 내용의 80% 이상이 AI가 작성한 것으로 분석했다(박찬, 2024). 턴잇인의 AI 탐지 도구가 학습자가 직접 작성한 글에 대해서도 표절로 분류하는 등 탐지 결과에 오류가 많다는 지적들도 있으므로 통계 수치를 그대로 수용하기에는 무리가 있겠지만, 상당수의 글쓰기에서 AI가 과도하게 활용된다는 사실 자체를 부인하기는 어렵다.

AI 활용 글쓰기에서 표절과 함께 문제가 되는 것은 '저자성'이다. 저작물에 대한 권리로 한정되는 저작권(copyright)과 달리 '저자성'은 글의 창작 주체 또는 저자로서의 지위 · 자격을 가리키는 개념으로 창작 행위 자체에서 자동으로 발생하는 것으로 간주되는 저자권(author's right)과도 연결된다. 현재 학계에서는 모든 글의 창작 주체는 인간이며, 인간만이 책임 있는 저자로 인정된다. AI에게 학술 논문의 내용에 대한 책임을 요구할 수 없고, 배포 권리에 대한 동의를 받는 것이 실질적으로 불가능하기 때문에 저자로 인정될 수 없다는 주장(Stokel-Walker, 2023) 역시 동일한 맥락에서 이해될 수 있다. (이러한 인식은 잠정적일 수 있다. AI 기술이 비약적으로 발전하는 수준을 감안할 때, 학계에서 인간만을 저자로 인정하는 입장을 계속 유지할 수 있을지는 현 시점에서 예상하기 어렵기 때문이다).

표절과 관련하여 심각하게 고려해야 할 또 하나의 문제는 기존 저작물과의 유사성이다. 학습한 데이터를 기반으로 텍스트를 만들어 내는 생성형 AI의 특성상, 기존 저작물의 문장과 거의 동일하거나 매우 유사하게 생성될 수 있다. 이 경우 AI가 출처를 제시하지 않는다면, 학습자는 '의도하지 않은 표절'에 노출될 수 있다. 실제로 프로토타이핑 디자인 협업툴인 피그마(Figma.com)에서 출시한 생성형 AI 기능인 '피그마 AI'가 생성한 디자인이 애플의 날씨 앱 디자인을 모방했다는 지적으로 인해 해당 기능을 비활성화한 사례도 있다(김영욱, 2024). 이런 사례가 문자 텍스트에서도 발생할 가능성은 늘 존재하며, 이 경우 저작권에 위배될 수 있다. AI 활용 글쓰기에서는 과거와는 다른 측면에서 새로운 윤리적 · 법적 문제가 발생할 수 있다는 점에 주목해야 한다. 따라서 학습자에게 AI 생성물도 기존 저작물과 동일하게 표절과 저작권의 기준을 적용받는다는 점을 명확하게 인식시키는 교육이 필요하다.

대학의 AI 정책과 대응 양상

2022년 11월 ChatGPT가 출시된 후, 5일 만에 사용자 100만 명을 확보할 정도로 빠르게 확산되면서 대학에서도 학습자의 AI 활용에 대한 대응이 필요하게 되었다. 프랑스의 Sciences Po와 같은 대학은 생성형 AI 사용을 전면적으로 금지하기도 했지만(Reuters, 2023), 대부분의 대학들은 생성형 AI 사용을 부분적으로 허용하되, 반드시 사용 여부를 투명하게 밝히도록 요구하고 있으며 교수자에게 일종의 가이드를 제공하기도 한다. 예를 들어 프린스턴 대학의 경우, 교수자에게 강의 계획서 또는 과제 부여 시 AI 사용 방법과 허용 범위를 구체적으로 제시하도록 권고(Memo to All Teaching Faculty)하고, 스탠포드 대학은 과제 수행과 교수 학습에 AI 활용을 통합하는 과정 중심 교수 전략(Integrating AI into assignments)을 제공하기도 한다. 국내에서도 2023년 3월 고려대학교를 시작으로 상당수의 대학들이 'AI 활용 가이드라인'을 발표했고, 성균관대학교에서는 '챗GPT 종합 안내 홈페이지'를 개설하여 올바른 사용 방법과 활용 사례, 교강

사 대응 사이드, 학습 윤리 등을 제공하고 있다.

생성형 AI 활용에 대한 국내외 대학들의 정책은 학교의 교육 이념 및 특성에 따라 차이가 있다. 하지만 공통적으로 확인되는 부분은 AI 활용 여부를 교수자의 판단과 교과목 운영 목적에 입각하여 결정하되, 활용 내용을 투명하게 공개하고 가급적 과정 중심적 수행을 통해 단계적 검증과 학습자의 자기 성찰적 사고를 강화하는 방향으로 활용 전략을 설계하도록 권장한다는 점이다. 즉, 교수자는 학습자가 학습의 협력 또는 보조 도구로 책임 있게 활용하도록 교수자가 충분히 지도해야 한다.

국내외를 막론하고 대학들이 AI 활용에서 가장 중시하는 부분은 'AI 활용의 투명성'이며, 학습 결과물이나 과제에 AI를 활용한 경우에는 활용 내용을 구체적으로 명시해야 한다는 점을 강조한다. AI 활용의 투명성을 높이기 위해서 대학과 교수자들이 주의를 기울여야 할 지점 중의 하나는 학습자가 학습과 과제 수행에서 생성형 AI를 활용할 경우 준수해야 할 지침들을 정확히 제공하는 것이다. 컬럼비아 대학 비즈니스 스쿨의 경우 '교수자가 생성형 AI를 허용하는 경우', '교수자가 생성형 AI 정책을 학습자에게 전달하지 않은 경우' 등을 나누어 각각의 세부 지침은 물론, '교수자의 허가 없이 생성형 AI를 사용할 경우의 결과'까지 매우 자세하게 관련 내용을 제공하고 있다(Generative AI Policy, Columbia Business School).

학문적 책임과 윤리 교육의 방향

대학 글쓰기 교육이 담당하는 영역이 단지 쓰기 능력 향상에 그치지 않고 '학문 활동의 윤리와 책임 의식 강화'까지 확장되어야 한다는 전제를 수용한다면, AI 활용이 일상화된 현재는 관련 교육의 중요성이 더욱 커졌다고 할 수 있다. AI 기술이 발달할수록 지식의 생산은 쉬워지지만, 상대적으로 지식의 진정성을 지키기는 더욱 어려워지기 때문이다. 그러므로 학술적 글쓰기가 중심을 이루는 대학 글쓰기에서는 다른 분야보다 적극적으로 학문 윤리와 책임 의식에 대한 교육이 필요하며 다음과 같은 구체적인 방법들을 모색해 볼 수 있다.

첫째, AI 활용의 투명성을 높일 수 있는 원칙을 확립하고 이를 준수하도록 해야 한다. 글쓰기는 대학 학습자들의 학습과 지식 생산에 가장 많이 활용되는 도구라는 사실은 AI 활용에도 그만큼 노출될 수 있다는 것을 의미한다. 구체적으로는 보고서나 에세이 또는 소논문을 작성하는 과정에서 AI를 활용한 정도에 대해 공개하는 원칙이 확립되어야 하고 이를 엄격하게 준수하는 환경이 조성되어야 한다(강동훈, 2023). 이를 위해서는 학습자들에게 AI 활용이 숨겨야 할 부끄러운 행위가 아니라, 관리하고 통제해야 할 연구 과정에 일부라고 인식할 수 있도록 교육할 필요가 있다. 이제 어떤 방식으로든 AI 활용은 피할 수 없게 되었으므로 이를 적극적으로 관리하는 방법에 대한 교육이 필수적인 과제가 된 것이다. 따라서 대학의 과제 수행에서도 AI 활용 여부를 표기하게 하거나 활용 보고서를 첨부하는 방안 등이 적극적으로 고려되어야 한다(강동훈, 2023; 장성민, 2023). 이를 통해 교수자들은 학습자들이 AI를 윤리적으로 활용하고 스스로 통제하고 관리하는 태도를 내면화할 수 있도록 지도해야 한다.

둘째, AI 활용 글쓰기에서 발생할 수 있는 표절에 대한 구체적인 교육이 필요하다. 학습자들이 AI가 생성한 문장이나 글은 인간이 쓴 것이 아니므로 표절에 해당되지 않는다고 생각할 수도 있다. 하지만 앞서 살펴본 바와 같이 AI가 생성한 텍스트는 기존 텍스트들과 유사할 가능성을 배제하기 어렵고 저자성 또한 성립될 수 없다는 점을 감안할 때, 생성된 텍스트를 '그대로' 쓰는 것은 표절에 해당될 수 있음을 학습자들에게 강조해야 한다. 그러므로 단순히 표절에 해당되는 경우를 단순히 안내하는 방식만으로는 부족하다. 사례 연구(case study) 결과들을 제시하고 표절에 해당하는 실제 사례들을 구체적으로 검토하면서 기술과 윤리가 충돌하는 지점들을 확인해야 한다. 또한 대처 방안에 대한 토론 학습 등을 운영하여 표절을 명확하게 인식할 수 있는 기회를 제공해야 한다.

셋째, 교수자들의 AI 활용에 대한 윤리적 기준도 마련되어야 한다. AI의 활용 주체가 학습자로 한정되지 않으며, 교수자 역시 학습자의 글에 대한 평가나 피드백에서 AI를 활용할 수 있다. 대부분의 대학들이 학습자가 학습과 과제 수행에 AI를 활용하는 방법에 대해서는 어느 정도 정책들을 제시하고 있는 반면, 교수자들이 준수해야 할 AI 활용 지침들은 마련되지 않았다는 지적(Kelly, 2024)에 주목해야 한다. 학습자만이 아니라 교수자도 AI 활용에 대해 통제와 관리가 필요하다. 예를 들어 AI를 문법이나 어법 그리고 어휘 사용 등에 대한 피드백과 평가에 활용하는 것은 충분히 가능하지만, 학습자 과제의 창의성이나 통찰력에 대한 피드백과 평가에 그대로 적용하는 것은 적절하지 않다는 지적이 많다. AI가 학습자의 창의력이나 비판적 관점까지 평가하기는 어렵기 때문이다. 따라서 교수자가 교수 학습 설계 및 수행 그리고 평가 등에서 AI 활용의 영역을 어떻게 설정할 것인가에 대한 논의가 적극적으로 이루어져야 하고 이를 바탕으로 합의된 활용 원칙이 수립되어야 할 것이다.

참고문헌

강동훈(2023). "챗지피티(ChatGPT)의 등장과 국어교육의 대응". 《국어문학》, 82, 469~496쪽.

강정수 외(2023). 《생성 AI 혁명》. 더퀘스트.

김영욱(2024.8.21). "생성형 AI의 역설: 콘텐츠 혁신과 표절 검사의 딜레마". SAMSUN SDS 인사이트 리포트. https://www.samsungsds.com/kr/insights/the-paradox-of-artificial-intelligence.html

노대원·홍미선(2023). "ChatGPT 글쓰기 표절 대응과 교육적 활용 전략". 《국어교육학회》, 82, 71~102쪽.

박찬(2024.4.17). ""AI 논문 표절 심각"… 수백만명이 논문 작성에 생성 AI 활용". AI 타임즈. https://www.aitimes.com/news/articleView.html?idxno=158881

성균관대학교. "챗GPT 종합안내 홈페이지". https://chatgpt.skku.edu/chatgpt/index.do

장성민(2023). "챗GPT가 바꾸어 놓은 작문교육의 미래". 《작문연구》, 56, 7~34쪽.

Columbia Business School. Generative AI Policy. https://students.business.columbia.edu/office-of-student-affairs/academic-advising-and-student-success/academic

-integrity/generative-ai-policy

Kelly, S. M.(2024.4.6). Teachers are using AI to grade essays. But some experts are raising ethical concerns. CNN Business. https://edition.cnn.com/2024/04/06/tech/teachers-grading-ai/index.html

Reuters(2023.1.28). Top French university bans use of ChatGPT to prevent plagiarism. https://www.reuters.com/technology/top-french-university-bans-use-chatgpt-prevent-plagiarism-2023-01-27

Stanford University. Integrating AI into assignments. https://teachingcommons.stanford.edu/teaching-guides/artificial-intelligence-teaching-guide/integrating-ai-assignments

Stokel-Walker, C.(2023.1.18). ChatGPT listed as author on research papers: many scientists disapprove. *Nature, 613*. https://www.nature.com/articles/d41586-023-00107-z

The McGraw Center for Teaching & Learning, Princeton University(2023.1.25). Guidance on AI/ChatGPT, Memo to All Teaching Faculty. https://mcgraw.princeton.edu/guidance-aichatgpt

Williams, R. T.(2023). The ethical implications of using generative chatbots in higher education. *Frontier in Education, 8*. https://doi.org/10.3389/feduc.2023.1331607

10
대학 글쓰기 교수 학습 과정의 혁신

새로운 글쓰기 교육 모델에서는 학습자가 자신의 지식 구조를 활성화하고 맥락을 충분히 고려하여 프롬프트를 설계 및 구성하는 단계가 반드시 필요하며, 무엇보다 학습자의 질문 능력 향상에 초점을 맞춰야 한다. 또한 AI 시대 글쓰기 평가는 과정 중심, 교사-기계 협업, AI 활용 수준별 평가, AI 활용 평가 준거 설계와 같은 요소들이 유기적으로 결합한 체계로 수행되어야 한다.

AI와 미래 의사?

AI 활용으로 변화하는 글쓰기 교육 환경

생성형 AI의 등장과 이후 급속한 확산으로 인해 대학의 글쓰기 교육 환경이 큰 변화에 직면했다는 점은 누구나 인정하는 사실이다. 2025년 영국 대학의 학부생 1041명을 대상으로 실시한 조사에 따르면, 응답자의 92%가 AI를 어떤 형태로든 사용하고 있으며, 18%는 AI가 생성한 텍스트를 과제 작성에 직접 활용했다(Freeman, 2025). 이러한 결과는 AI 활용이 대학생의 글쓰기 전반으로 광범위하게 확산되는 상황을 보여 주며, 국내 상황도 크게 다르지 않다고 볼 수 있다. 1장에서 살펴본 바와 같이 응답자의 90% 이상이 생성형 AI를 활용하여 과제를 작성하고 제출한 경험이 있다는 국내 대학 신문사들의 설문조사 결과도 이러한 흐름을 뒷받침한다. 이러한 결과들은 생성형 AI가 대학 글쓰기 환경에 영향을 미치는 핵심 요인으로 부상했으며, 더 이상 외면할 수 없는 현실이라는 점을 보여 준다. 즉, 대학 글쓰기 교육은 AI를 배제한 채 논의를 하기 어려운 시점에 도달했으며, 레이 커즈와일(Kurzwell, R.)의 표현을 빌리면 '특이점(singularity)'이 도래한 상황이다.

새로운 글쓰기 환경에서 가장 먼저 주목해야 할 점은 인간의 글쓰기와 AI 글쓰기의 본질적 차이다. 인간의 글쓰기가 사고의 진전과 재구성 과정의 반복을 통해 지식을 변형하고 확장하는 복합적 · 심층적인 인지 행위라면, AI 글쓰기는 대규모 언어 모델의 통계적 예측에 따라 결과물을 산출한다는 점에서 구조적 · 기능적으로 차이가 있다(주민재, 2025a). 다시 말해 인간의 글쓰기는 사고력, 비판적 성찰, 사회적 상호작용을 전제로 전개되지만, AI 글쓰기는 방대한 데이터에 기반한 확률적 예측과 최적화를 통해 텍스트를 생성하는 데 초점을 둔다. 이러한 차이는 대학생이 작성한 텍스트와 ChatGPT나 제미나이(Gemini)와 같은 AI가 생성한 텍스트를 비교한 연구에서도 확인되었다. 대학생의 텍스트에서는 고유 어휘 수가 더 많고 구문적 복잡성이 더 높은 반면 AI 생성 텍스트는 특정 표현을 반복하는 경향이 두드러지고 어휘 다양성이 제한적이었다(Durak et al. 2025).

최근 연구들에서 확인된 인간의 글쓰기와 AI 글쓰기의 상이한 특성은 지금까지 누구도 의문을 제기하지 않았던 글쓰기 교육의 목표와 방법에 대해 재고가 필요한 시점임을 일깨운다. AI가 신속하고 간단하게 인간과 유사한 수준의 텍스트를 생성할 수 있는 현실에서는 학습자에게 단순히 완성된 텍스트 작성만 요구하는 전통적 교육 방식이 더 이상 유효하다고 보기 어렵기 때문이다. AI가 글쓰기 과정에 영향을 미치는 상수가 된 상황을 고려할 때, 완성된 글의 평가와 총괄적 피드백에 초점을 맞추었던 과거와 달리 학습자의 쓰기 수행 과정에 집중하는 글쓰기 교육 방법을 개발해야 한다는 주장(Southworth, 2023)은 충분한 설득력을 지닌다.

AI 역시 피드백 제공자로 활용할 수 있다. 실제로 AI는 개별 학습 단계에서 맞춤형 튜터로서 학습자의 질문들에 즉각적으로 응답하고 개별적으로 맞춤형 피드백 제공이 가능하므로 학습자는 기본적인 내용 학습이나 초고 수정 및 추가적인 아이디어 생성 등을 자기주도적으로 진행할 수 있다. 즉, AI 튜터를 도입하여 학습자 수준에 맞춘 개별화 학습이 가능해지면, 교수자는 심화된 협업 활동 지도와 토론 진행 등에 지도 역량을 집중할 수 있다(Mollick, 2024). AI와의 분업이 확산된 환경에서는 교수자가 모든 과정을 전적으로 담당하고 주관하던 전통적 교육 방식의 효과를 더 이상 기대하기 어려울 수 있다. 대신 학습자의 참여와 상호작용을 통한 자기주도학습을 극대화하는 방향으로 글쓰기 교수학습 설계를 구체화할 수 있다. 이러한 견해를 뒷받침하는 근거 중의 하나는 생성형 AI가 챗봇의 형태, 즉 대화형 인터페이스(Conversational User Interface, CUI) 기반 운영에 있다.

대화형 인터페이스에서는 학습자가 별도의 명령어나 프로그래밍 지식이 없는 상태에서 자연어만 사용해도 AI와의 상호작용에 아무런 제약을 받지 않으며 대화 이력을 기반으로 연속적인 질문-응답이 가능하다. 글쓰기 교육에서 AI 피드백은 학습자가 추가적인 질문을 통해 필요로 하는 답변을 구체적으로 확보할 수 있으며 지속적인 질문-응답에 대한 심리적인 부담감에서 자유롭다는 점에서 대면 피드백과는 상이한 특성을 갖는다(주민재, 2025b).

AI를 활용한 글쓰기 교육에서 주목되는 개념 중의 하나는 '개별화'다. 학습자는 쓰기 능력과 필요에 따라 AI를 서로 다른 방식으로 활용하면서 해당 개념을 구체화한다. 예를 들어 쓰기 능력이 부족한 학습자는 AI로부터 피드백을 반복적으로 제공받아 자신의 글에서 부족한 부분들을 보완하거나 수정하는 데 활용할 수 있다. 반면 쓰기에 능숙한 학습자는 AI를 활용해 브레인스토밍을 진행하고 주제 설정에 필요한 아이디어들을 폭넓게 확보하거나 글의 내용을 구체화하는 데 필요한 자료를 탐색할 수 있다.

AI를 활용한 개별화 학습은 글쓰기 교수자에게도 유용하다. 교수자는 AI가 학습자에게 제공한 피드백과 학습자의 활용 로그를 검토하여 쓰기를 수행하는 학습자의 사고 과정과 학습 상태를 좀 더 구체적으로 파악할 수 있다. 이러한 정보를 토대로 이전보다 높은 수준의 개별화 지도의 설계와 실행이 가능하다. 즉, AI는 일종의 학습 파트너로서 학습자 수준에 맞춘 학습 지원을 원활하게 수행함으로써 학습자 중심의 개별화된 글쓰기 교육이 현실화될 수 있다(Mollick, 2024).

새로운 글쓰기 교육 모델과 평가 방식

새로운 글쓰기 교육 모델은 인간 고유의 인지 활동을 중심에 두되, AI의 생성 능력을 보완적으로 결합하는 방향을 지향해야 한다. AI와의 협력적 글쓰기 교육 모델에서 인간의 인지 활동이 큰 영향을 미치는 부분 중의 하나는 프롬프트 엔지니어링일 것이다. 학습자의 사전 지식을 반영한 프롬프트를 설계해야 유용한 결과를 도출할 수 있으며, 풍부한 배경 지식을 바탕으로 구체적인 맥락과 목적이 고려된 프롬프트일수록 AI의 생성 수준 역시 높아지기 때문이다. 그러므로 AI 활용 글쓰기에서 프롬프트는 학습자의 인지적 거울로 기능한다고 해도 과언이 아니다. 논증적 글쓰기에서 AI를 활용한다고 할 때, 단순히 '찬반 의견을 말하라'와 관련 배경 지식과 구체적 쟁

점을 포함하여 '어떤 조건에서 주장 A가 성립할 수 있는가? 관련 이론 B와 비교하여 설명하라'라는 프롬프트의 결과 차이는 매우 클 것이다. 따라서 새로운 글쓰기 교육 모델에서는 학습자들이 자신의 지식 구조를 활성화하고 맥락을 충분히 반영하여 프롬프트를 설계 및 구성하는 단계가 반드시 고려되어야 하며, 프롬프트 설계의 기술적 측면만이 아니라 학습자의 질문 능력 자체를 확장하는 데 초점을 맞추어야 한다. 프롬프트 교육의 목표가 단지 높은 수준의 텍스트 생성을 이끌어내는 데 있다고 생각하면 곤란하다. 프롬프트 교육은 학습자가 프롬프트에 따른 AI 응답을 검토하고 목적과 의도에 부합하는 후속 프롬프트를 구성하여 실행하는 과정을 반복적으로 수행하면서, 텍스트 생성의 주체로서 능동적으로 사고하고 AI의 응답을 비판적으로 평가하고 재구성하는 '비판적 프롬프트 리터러시' 역량을 갖추는 데 최종 목표를 두어야 한다.

또한 새로운 글쓰기 교육 모델에서는 메타 인지와 자기주도성과 같은 인지적 요인들도 적극적으로 고려해야 한다. AI 활용이 초고 작성이나 자료 생성에는 유용하지만, 출력의 신뢰성 평가와 맥락의 적합성 판단은 전적으로 학습자에게 달려있다. 따라서 학습자는 AI의 응답을 그대로 수용하지 않고 비판적으로 검토하며 글쓰기의 방향을 스스로 통제하고 조절하는 능력을 길러야 한다.

글쓰기 방향의 통제와 조절은 기본적으로 학습자의 메타 인지 능력에 달려 있다. AI 활용 글쓰기에서 학습자는 AI가 제안한 문장이나 아이디어를 자신의 글쓰기 목적에 비추어 적절성 여부를 평가하고, 잘못된 정보나 논리적 비약 여부를 반성적으로 점검하는 자세를 쓰기 과정 전반에 걸쳐 유지해야 한다. AI가 생성한 텍스트는 통계적 언어 모델에 기반하므로 할루시네이션이라 불리는 사실 왜곡이 발생할 수 있다. 또한 학습 데이터를 기반으로 패턴을 형성하는 구조로 인해 텍스트에 맥락적 함의를 충분히 담아내지 못하거나 사회 · 문화적 편향성이 강하게 노출될 가능성 등 근본적인 한계가 있다는 점을 늘 염두에 둬야 한다. 이러한 인식이 분명해야만 AI 활용 글쓰기에서도 계획 - 점검 - 조절 과정 전체를 학습자가 주도할 수 있으며, AI가 생성한 텍스트에서 발견되는 오류에 대해 추가 정보를 요구하거나 프롬프트를 수정하고 재구성하여 텍스트의 질과 밀도를 높일 수 있다.

자기 조절적(self-regulational) 쓰기 과정을 통해 학습자는 쓰기의 주도권을 유지하면서도 AI를 사고 확장의 촉매제로 활용할 수 있다. 결국 메타 인지 능력은 학습 전략을 스스로 조절하면서 자신의 사고 과정을 파악 · 분석하는 '자기 평가적(self-monitoring) 사고', 즉 자기주도학습 능력과 맞물려 있는 것이다. ChatGPT를 활용해 영어 스토리 쓰기를 한 학습자들을 분석한 연구(Woo et al., 2025)에서도 메타 인지 사용 정도는 자기주도학습 수준과 밀접한 관련을 보였다. 자기주도성이 높은 학습자일수록 AI의 응답을 비판적으로 검토하며 글의 방향을 능동적으로 통제했지만, 자기주도성이 낮은 학습자들은 AI 출력물을 그대로 수용하거나 프롬프트를 피상적으로 조정하는 데 그치는 경향을 보였다. 이러한 결과는 메타 인지적 점검과 자기 조절 능력이 AI 활용 글쓰기에서 성패를 좌우하는 핵심 요소임을 시사한다. 따라서 새로운 글쓰기 교육 모델에서는 학습자의 자기주도적 학습 태도를 기르고 메타 인지 전략을 능동적으로 활용하는 능력을 향상시키는 교수 학습 설계를 충분히 고려해야 한다. 자기 평가 체크리스트 활용, AI 사용 내역과 소감 기록하기와 같은 구체적인 방법들을 적극적으로 개발 및 도입할 필요가 있다.

마지막으로 평가 방식의 변화가 동반되지 않으면 새로운 글쓰기 교육 모델은 성공하기 어렵다. AI 시대의 글쓰기 환경에서는 과거와는 달리 최종 작성된 텍스트만으로는 학습자의 쓰기 능력을 판단하기 어렵게 되었다. 학습자가 제출한 글에 AI를 활용한 정도가 얼마인지 구체적으로 파악하는 것이 현실적으로 힘들기 때문이다. 즉, 글의 수준이 높다는 평가만으로 해당 텍스트를 학습자의 지식과 주제에 대한 이해도가 충분히 반영된 결과물로 판단하기는 쉽지 않다. AI 활용으로 인해 글 자체를 학습자의 지식과 학습 성과의 직접적 결과로 단정하기 어려운 환경이 되었기 때문이다.

따라서 새로운 글쓰기 교육 모델이 실질적으로 작동하기 위해서는 평가 방식이 학습자의 메타 인지적 활동과 AI의 활용 정도를 모두 반영할 수 있도록 설계되어야 한다. 앞서 언급한 것처럼 AI를 활용한 글쓰기에서는 최종 텍스트가 학습자의 실제 사고 과정, 배경 지식, 창의성을 얼마나 반영하는지를 확인하는 것은 현실적으로 매우 어렵다. 따라서 평가 대상이 최종 텍스트와 함께 텍스트가 작성된 과정, 즉 학습자의 전략적 사고와 자기 조절적 쓰기 활동 전반으로 확장되어야 한다. 이를 위해서는 쓰기 평가에 다음과 같은 요소들이 필요하다.

첫째, 과정 중심 평가(Process-focused Assessment)에 기반을 둔 쓰기 평가 체제가 수립되어야 한다. AI 활용 글쓰기는 기본적으로 '프롬프트 설계 → AI 응답 분석

→ 재프롬프트 및 수정 → 최종 통합'과 같은 'AI 샌드위치 워크플로' 과정으로 수행된다. 따라서 학습자가 설계한 프롬프트의 구체성과 의도 적합성, AI 응답에 대한 비판적 검토, 텍스트의 수정 · 재구성 전략의 적절성과 수행 정도 등을 평가 대상에 포함해야 한다. 예를 들어, 글쓰기에 ChatGPT를 활용한 경우, '프롬프트-응답-재프롬프트' 기록(URL)을 교수자와 공유하도록 한 뒤, 각 단계별 사고력, 전략적 의사 결정 및 수행 수준을 평가 준거표를 통해 점수화하는 방식이 활용될 수 있다. 이러한 방식은 AI 활용 글쓰기에서 학습자의 주제 관련 지식의 활용 능력, 메타 인지 능력 그리고 자기주도성을 평가하는 데 효과적이다. 최근 연구에서도 메타 인지 점검 빈도와 자기주도성 수준이 높을수록 AI 활용 글쓰기에서 더 질 높은 결과물이 생산되는 것으로 확인되었다(Woo et al., 2025).

둘째, 교수자와 AI의 협업 체계를 구축해야 한다. AI를 활용한 피드백이나 평가는 문법 · 구조적 오류와 어휘의 다양성 분석 등에서 속도와 객관성을 확보할 수 있다. 하지만 아이디어의 창의성, 표현의 맥락적 적절성이나 문화적 감수성과 같은 고차원적 평가 요소는 교수자의 판단이 필수적이다. 7장에서 다룬 교수자와 AI의 하이브리드 피드백과 마찬가지로 평가 역시 교수자와 AI의 협업(Memarian & Doleck, 2024)을 통해 평가의 정확성과 효율성을 동시에 확보하는 방법을 도입해야 한다. AI는 기계적 정확성과 즉시성을 담당하고 교수자는 맥락 해석과 창의성 평가 등을 담당하는 이중 평가 체계를 고려해 볼 수 있다.

셋째, AI 활용 수준별 평가 체계를 도입해야 한다. 퍼킨스 등(Perkins et al., 2023)에 의해 제안된 인공지능 평가 척도(AI Assessment Scale, AIAS)는 'AI 미사용(No AI)', '아이디어 · 구조화에 AI 활용(AI-assisted idea generation and structuring)', '편집에 AI 활용(AI-assisted editing)', '과제 수행에 AI 활용 및 인간 평가(AI task completion, Human evaluation)', '전 과정 AI 활용(Full AI)'까지 AI 활용 수준을 다섯 단계로 구분하여, 학습자의 AI 활용 범위와 목표를 명확히 설정하고 그에 따라 평가 기준 조정을 가능하게 했다. 이러한 평가 체계를 활용하면, 동일한 과제라도 학습자별로 AI의 활용 수준에 따른 차등 평가가 가능해진다.

넷째, AI 활용 결과를 평가할 수 있는 평가 준거 설계가 필요하다. 기존 글쓰기 평가 준거에 '프롬프트 설계의 맥락성 · 구체성', 'AI 응답의 신뢰성 · 적합성 판단 능력', '수정 · 재구성 전략의 창의성', '윤리적 · 학문적 책임 고려 여부'와 같은 AI 활용과 관련된 항목들을 추가해야 한다. 예를 들어, ① 프롬프트 설계, ② AI 응답 분석 · 비판, ③ 수정 · 재구성 전략 및 수행, ④ 최종 글의 완성도, ⑤ 윤리 · 창의성 요소와 같이 평가 준거들을 적용하면 쓰기 과정과 최종 텍스트에 대한 구체적인 평가가 가능하다.

위와 같은 평가 방식들을 도입하기 위해서는 학습자에게 평가 기준과 절차를 사전에 투명하게 공개하는 것과 더불어 AI 사용 내역 공개 의무화가 전제되어야 한다. 이를 통해 AI 활용 글쓰기 평가의 신뢰성을 확보할 수 있는 것은 물론, 학습자가 AI를 무비판적으로 수용하는 것을 지양하고 성찰적 · 전략적으로 활용해야 한다는 인식을 형성할 수 있다.

결국 AI 시대 글쓰기 평가는 과정 중심, 교사-기계 협업, AI 활용 수준별 평가, AI 활용 평가 준거와 같은 요소들이 유기적으로 결합된 평가 체계로 설계되어야 한다. 이러한 요소들이 제 기능을 수행할 때, AI는 학습자의 창의적 사고와 자기주도학습을 촉진하는 도구로 기능하고, 쓰기 평가는 학습자의 인지적 역량과 비판적 성찰을 중심에 두는 방향으로 진화할 수 있을 것이다.

참고문헌

주민재(2025a). "생성형 인공지능과 인간의 글쓰기 작동 원리 비교 분석: 디지털 리터러시 전환기에서 쓰기 교육의 이론적 재구성 모색". 《리터러시 연구》, 16(3), 39~72쪽.

주민재(2025b). "논증적 글쓰기 교육에서 AI 챗봇 피드백 활용과 학습자 수용 양상 연구-GPTs 기반 맞춤형 피드백 챗봇 개발 및 교육 효과 분석을 중심으로", ≪리터러시 연구≫, 16(4), 209~254쪽.

Durak, H. Y. et al.(2025). A Comparison of Human-Written Versus AI-Generated Text in Discussions at Educational Settings: Investigating Features for ChatGPT, Gemini and BingAI. *European Journal of Education, 60*(1).

Freeman, J.(2025.2.26). Student Generative AI Survey. The Higher Education Policy Institute (HEPI). https://www.hepi.ac.uk/2025/02/26/student-generative-ai-survey-2025/

Memarian, B. & Doleck, T.(2024). Human-in-the-loop in artificial intelligence in education: A review and entity-relationship (ER) analysis. *Computers in Human Behavior: Artificial Humans, 2*(1), 100053.

Mollick, E.(2024.6.4). Using AI Tutors to Flip Your Classroom. Edutopia. https://www.edutopia.org/article/using-ai-tutors-flipped-classroom

Perifanou, M. & Economides, A. A.(2025). Students Collaboratively Prompting ChatGPT. *Computers, 14*(5), 156.

Perkins, M. et al.(2023). The AI Assessment Scale (AIAS): A

Framework for Ethical Integration of Generative AI in Educational Assessment. arXiv. https://arxiv.org/abs/2312.07086

Southworth, J.(2023.2.3). Rethinking university writing pedagogy in a world of ChatGPT. University Affairs. https://www.universityaffairs.ca/opinion/rethinking-university-writing-pedagogy-in-a-world-of-chatgpt/

Woo, D. J., et al.(2025). Exploring EFL students' prompt engineering in human-AI story writing: an activity theory perspective, *Interactive Learning Environments, 33*(1), pp.863~882.

주민재

명지대학교 방목기초교육대학 교수. 연세대학교에서 국어국문학과 사회학을 전공하고 동 대학원 국어국문학과에서 석사과정을 거쳐 “블로그 쓰기와 블로거의 독자인식에 대한 연구”로 박사학위를 받았다. 한국현대문예비평학회 편집위원장, 한국리터러시학회 디지털리터러시 분과 이사를 맡고 있다. 주 연구분야는 학술적 글쓰기, 디지털 리터러시, AI 리터러시, 디지털 콘텐츠다. 최근 논문으로 “텍스트힙 현상 분석을 통한 모바일 네이티브의 콘텐츠 소비 양상 탐구”(2025), “생성형 인공지능과 인간의 글쓰기 작동 원리 비교 분석-디지털 리터러시 전환기에서 쓰기 교육의 이론적 재구성 모색”(2025), “논증적 글쓰기 교육에서 AI 챗봇 피드백 활용과 학습자 수용 양상 연구-GPTs 기반 맞춤형 피드백 챗봇 개발 및 교육 효과 분석을 중심으로”(2025), “Z세대의 ‘진짜 같음’은 어떻게 설계되는가-진정성, 과시적 진정성, 프로필성의 삼중 변증법을 중심으로”(2025), “요약 콘텐츠 보편화 현상의 함의 분석-‘미디어는 메시지다’의 소셜 미디어적 해석”(2024) 등이 있다. 공저로 《글쓰기 교육과 교수방법》, 《웹툰1》, 《대학 글쓰기 연구와 텍스트 해석》, 《디지털 시대의 교양교육》, 《사고와 표현-글쓰기》 등이 있다. 한국리터러시학회 학술연구상(2022), 명지대학교 학술상(2024), 한국리터러시학회 학술연구자상(2025)을 받았다.